安切洛蒂自传

平凡天才的美丽比赛

[意] 卡尔洛·安切洛蒂
[意] 亚历桑德罗·阿尔恰多　著

汤煜华　译

CARLO ANCELOTTI
PREFERISCO LA COPPA

北京出版集团公司
北京出版社

著作权合同登记号

图字：01-2016-0266

Carlo Ancelotti PREFERISCO LA COPPA

© 2009-2016 Rizzoli Libri S.p.A. / Rizzoli, Milan

图书在版编目（CIP）数据

安切洛蒂自传：平凡天才的美丽比赛 /（意）安切洛蒂，（意）阿尔恰多著；汤煜华译. — 北京：北京出版社，2016.7

ISBN 978 - 7 - 200 - 12063 - 9

I. ①安⋯ II. ①安⋯ ②阿⋯ ③汤⋯ III. ①安切洛蒂 — 自传 IV. ①K835.465.47

中国版本图书馆 CIP 数据核字（2016）第 074653 号

安切洛蒂自传

平凡天才的美丽比赛

ANQIELUODI ZIZHUAN

［意］卡尔洛·安切洛蒂　　［意］亚历桑德罗·阿尔恰多　著

汤煜华　译

*

北 京 出 版 集 团 公 司

北 京 出 版 社 　出版

（北京北三环中路 6 号）

邮政编码：100120

网　　址：www. bph. com. cn

北京出版集团公司总发行

新 华 书 店 经 销

北京旭丰源印刷技术有限公司印刷

*

710 毫米×1000 毫米　　16 开本　　15.25 印张　　190 千字

2016 年 7 月第 1 版　2016 年 7 月第 1 次印刷

ISBN 978 - 7 - 200 - 12063 - 9

定价：59.80 元

质量监督电话：010 - 58572393

责任编辑电话：010 - 58572511

1990年，我在罗马的旧照

我的第一支"球队"是雷乔洛的小学队。23名队员与一位女教练，完美的阵容。我在第一排的最左

中学时代的我。第一排左一那位并不是安德烈亚·皮尔洛，虽然长得非常相似

捣蛋鬼必须坐在第一排，哪怕是高中毕业考试的时候

1978年的帕尔马队

1980年，在巴列塔，作为狙击兵的我（中）与二位战友：在萨基之前，意大利先召唤了我

意丙时期的官方制服

在雷乔洛的巡回赛后的领奖时刻

膝盖从不是我的好朋友

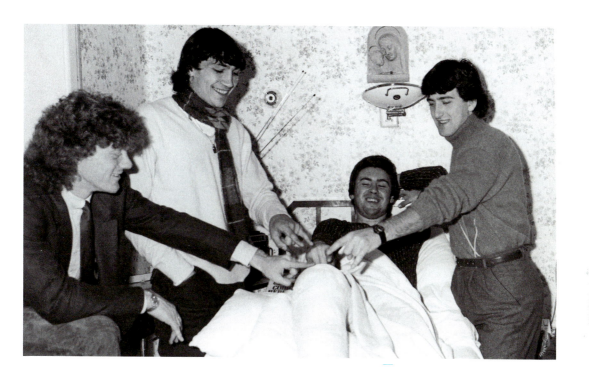

驱魔者：基耶里科、博内蒂和乔瓦内利正在对我施法治疗

（接上图）从这张照片判断，他们没有成功

当人们谈及飞翔——我从莱切队队员上方飞跃

图罗内、贝内蒂、"男爵"尼尔斯·利德霍尔姆、阿曼特、孔蒂与我

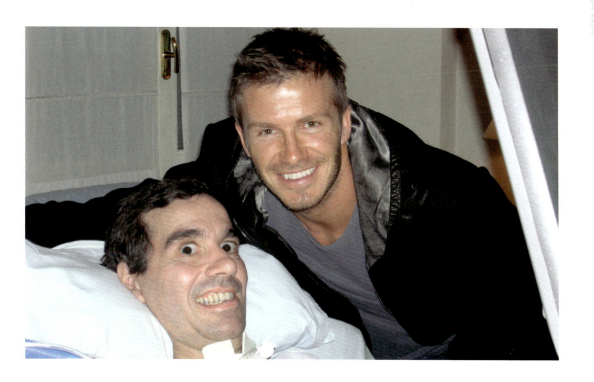

斯蒂芬诺·博格诺沃与大卫·贝克汉姆

我在落地窗边，照片拍摄于1991年

1990年5月23号在奥地利维也纳举行了冠军杯决赛。AC米兰1：0战胜本菲卡，米兰队赛前出场合影。后排从左到右依次为：保罗·马尔蒂尼，佛兰克·里杰卡尔德，我，路德·古力特，马科·范·巴斯滕，吉奥瓦尼·加利。前排从左至右：安杰洛·科隆波，阿里桑德罗·科斯塔库塔，佛兰克·巴雷西，阿尔贝利哥·艾瓦尼和毛罗·塔索蒂

F.I.G.C.
Lega Nazionale Professionisti

1996-97

CONTRATTO TIPO DI PRESTAZIONE SPORTIVA

Allegato all'Accordo Collettivo vigente tra Allenatori professionisti e Società sportive di cui fa parte integrante.

Con la presente scrittura privata, da valere ad ogni effetto di Legge, tra la Società

PARMA A.C. S.p.A.

con sede in **PARMA**   numero Partita I.V.A. **00946230349**

rappresentata dal Sig. **GIORGIO PEDRANESCHI**   nella qualità di **Presidente**

ed il Sig. **CARLO ANCELOTTI**   matricola n. **28392**

nato a **REGGIOLO (R.E.)**   il **10/06/59**

domiciliato in **FELEGARA (R.E.)**   CAP **43040**

RECAPITO PERSONALE AI FINI DELLE COMUNICAZIONI DI CUI ALL'ACCORDO COLLETTIVO (NON VALIDO QUELLO PRESSO LA SEDE DELLA SOCIETÀ)

via/piazza   **Via Garibaldi, 38**   n.

Codice Fiscale N. **NCL CRL 59H10 H225L**   Matricola N. **28392**

si stipula e si conviene quanto segue:

Art. 1 - Il Sig. **CARLO ANCELOTTI**   si impegna, nella sua qualità di

(1)   **Allenatore di 2^categoria**

tesserato della F.I.G.C (fin d'ora individuato in contratto come "allenatore"), a prestare la propria attività quale (2) **allenatore responsabile**

della prima squadra

a decorrere dal **01/07/1996**   e fino al 30 giugno **1998**

Art. 2 - La Società si obbliga a corrispondere all'allenatore per l'anno sportivo **VEDI SOTTO** i seguenti compensi:

a) compenso annuo lordo L. **LIT.700.000.000.=NETTI PARI A LIT. 1.371.000.000.= LORDI**
(per contratti pluriennali indicare l'importo pattuito per ciascuna stagione sportiva):

PER OGNI STAGIONE SPORTIVA

      + premi da pattuire a seguire

b) eventuali premi collettivi come da separata pattuizione da depositare presso la Lega competente.

Art. 3 - Il presente contratto di prestazione sportiva è regolato dal vigente Accordo Collettivo tra F.I.G.C. - Lega Nazionale Professionisti - Lega Professionisti Serie C ed A.I.A.C., che si intende integralmente riportato e trascritto.

Art. 4 - Con la firma del presente contratto le parti assumono l'obbligo di osservare le Norme dello Statuto e quelle Federali. Assumono altresì impegno di accettare la piena e definitiva efficacia di tutti i provvedimenti generali e di tutte le decisioni particolari adottate dalla F.I.G.C., dai suoi Organi e soggetti delegati nelle materie comunque attinenti all'attività sportiva e nelle relative vertenze di carattere tecnico, disciplinare ed economico.
Ogni violazione od azione comunque tendente alla elusione dell'obbligo di cui sopra determina le sanzioni disciplinari previste dallo Statuto e dai Regolamenti.

Art. 5 - A tutti gli effetti del presente contratto la Società elegge domicilio presso la propria sede, l'allenatore nel luogo indicato in epigrafe. Egli comunque si impegna a dare preventiva comunicazione scritta alla Società, alla Lega ed all'AIAC, di ogni eventuale variazione.

17/06/96

Per la Società   L'Allenatore

PARMA A.C. S.p.A.
IL PRESIDENTE

我和帕尔马签订的合同，从1996—1998赛季

Parma A.C.

COPPA ITALIA 1991/92   COPPA DELLE COPPE 1992/93   SUPERCOPPA EUROPEA 1994   COPPA UEFA 1994/95

Parma, 25/04/1996

SCRITTURA PRIVATA

Tra il Parma A.C. SpA rappresentato dal Sig. *Pedraneschi Giorgio* in qualità di *Presidente* ed il Sig. *Ancelotti Carlo* con la presente scrittura privata da valere ad ogni effetto di Legge, si stipula e conviene quanto segue:

1) il Sig. *Ancelotti Carlo* si impegna a prestare la propria attività quale allenatore della prima squadra a decorrere dall' 01/07/1996 e fino al 30/06/98 a favore del Parma A.C. SpA.;

2) Il Parma A.C. SpA si obbliga a corrispondere al Sig. *Ancelotti Carlo* i seguenti compensi:

-) compenso annuo netto di Lit. 700.000.000.=   pari a lorde Lit. 1.371.000.000.= per la stagione sportiva 96/97.

-) compenso annuo netto di Lit. 700.000.000.=   pari a lorde Lit. 1.371.000.000.= per la stagione sportiva 97/98.

-) compenso annuo netto di Lit. ///   pari a lorde Lit. /// per la stagione sportiva ///

3) eventuali premi ~~netti~~ individuale: Lit.500.000.000.= in caso di vincita del campionato; Lit.250.000.000.= in caso di vincita DELLA Coppa Uefa; Lit.150.000.000.= in caso di vincita della Coppa Italia PER LA STAG.SPORT. 96/97.   ***

4) Gli accordi sopra descritti saranno riportati su regolare modulo federale e saranno regolati dal vigente Accordo Collettivo tra F.I.G.C. - Lega Nazionale Professionisti ed A.I.A.C..

Letta, approvato e sottoscritto tra le parti.

(firme)

*** = eventuali premi per la stagione sportiva 1997/98 sono da concordare.

(firme)

Parma A.C. S.p.A. - Viale Partigiani d'Italia, 1 - 43100 Parma - Tel. 0521/200419 (6 linee r.a.) - Fax 0521/289924 - Matricola 36430
Settore Giovanile e Scuola Calcio: Viale Partigiani d'Italia, 1 - 43100 Parma - Tel. 0521/233042 - Fax 0521/285929
Partita I.V.A. 00949230349 - Registro Società Tribunale di Parma N. 14397 - Capitale sociale L. 30.000.000.000 interamente versati - C.C.I.A.A. N. 155856

LEGA NAZIONALE PROFESSIONISTI

Milano,   **2 2 LUG 1996**

Prot.n. 930   GP/

Egr. Sig.
ANCELOTTI CARLO
Via G. Garibaldi 38
43014 FELEGARA Reggio Emilia

e p.c.   Spett.
PARMA A.C. S.p.A.

In allegato Le trasmettiamo la copia del contratto economico da Lei sottoscritto con la Societa:

PARMA A.C. S.p.A.
avente decorrenza   01 Luglio 1996
e scadenza il   30 Giugno 1998.

Cogliamo l'occasione per porgerLe cordiali saluti.

IL SEGRETARIO
(Guglielmo Petrosino)

F.I.G.C.
Lega Nazionale Professionisti

BARRARE SE TRATTASI DI
☐ ACCORDO PRELIMINARE
DA DEPOSITARE ENTRO
IL 30 GIUGNO 1998

ALLENATORE
1998-99

CONTRATTO TIPO DI PRESTAZIONE SPORTIVA

Allegato all'Accordo Collettivo vigente tra Allenatori professionisti e Società sportive di cui fa parte integrante.

Con la presente scrittura privata, da valere ad ogni effetto di Legge, tra la Società

JUVENTUS F.C. SPA

con sede in **TORINO**   numero Partita I.V.A. **00470470014**

rappresentata dal Sig. **ROBERTO BETTEGA**   nella qualità di **VICE PRESIDENTE**

ed il Sig. **ANCELOTTI CARLO**   matricola n.

nato a **REGGIOLO (RE)**   il **10-6-1959**

domiciliato in **FELEGARA DI MEDESANO (PARMA)**   CAP **43014**

RECAPITO PERSONALE AI FINI DELLE COMUNICAZIONI DI CUI ALL'ACCORDO COLLETTIVO (NON VALIDO QUELLO PRESSO LA SEDE DELLA SOCIETÀ)

via/piazza **VIA GARIBALDI**   n. **38**

Codice Fiscale N. **NCL-CRL-59H10-H225L**

si stipula e si conviene quanto segue:

Art. 1 - Il Sig. **ANCELOTTI CARLO**   si impegna, nella sua qualità di

(1) **ALLENATORE DI 1° CATEGORIA**

tesserato della F.I.G.C. (fin d'ora individuato in contratto come "allenatore"), a prestare la propria attività quale (2)

ALLENATORE PRIMA SQUADRA

a decorrere dal **1 LUGLIO 1999**   e fino al 30 giugno **2001**

Art. 2 - La Società si obbliga a corrispondere all'allenatore i seguenti compensi:

a) compenso annuo lordo L.
(per contratti pluriennali indicare l'importo pattuito per ciascuna stagione sportiva):

STAG. SPORTIVA 99/00 LORDI 3.325.750.000 PARI A NETTI 1.800.000.000
STAG. SPORTIVA 00/01 LORDI 3.325.750.000 PARI A NETTI 1.800.000.000

b) eventuali premi collettivi come da separata pattuizione da depositare presso la Lega competente

Art. 3 - Il presente contratto di prestazione sportiva è regolato dal vigente Accordo Collettivo F.I.G.C. - Lega Nazionale Professionisti - Lega Professionisti Serie C ed A.I.A.C. che si intende integralmente riportato e trascritto.

Art. 4 - Con la firma del presente contratto le parti assumono l'obbligo di osservare quanto previsto nello Statuto e quelle Federali. Assumono altresì impegno di accettare la piena e definitiva efficacia di tutti i provvedimenti generali e di tutti gli altri particolari adottate dalla F.I.G.C., dai suoi Organi e soggetti delegati nelle materie comunque attinenti all'attività sportiva e nelle altre di carattere tecnico, disciplinare ed economico.
Ogni violazione od azione comunque tendente alla elusione dell'obbligo di cui sopra determina le sanzioni disciplinari previste dallo Statuto e dai Regolamenti.

Art. 5 - A tutti gli effetti del presente contratto la Società elegge domicilio presso la propria sede, l'allenatore nel luogo indicato in epigrafe. Egli comunque si impegna a dare comunicazione scritta alla Società, alla Lega ed all'AIAC, di ogni eventuale variazione.

JUVENTUS F.C. S.P.A.
IL VICE PRESIDENTE
(Roberto Bettega)

L'Allenatore

Le parti dichiarano di aver preso esatta cognizione del contenuto delle clausole previste dagli artt. 3, 4, 5 del presente contratto e le approvano specificatamente.

Resta inteso che le parti convengono nel ritenere che l'indennità di fine carriera maturata fino alla data dell'1/1/1975 deve considerarsi compresa negli emolumenti a suo tempo contrattati ed ottenuti ed in questo senso l'allenatore rinunzia espressamente a qualsiasi rivendicazione in proposito per il periodo precedente.

Per la Società
JUVENTUS F.C. S.P.A.

L'Allenatore

N.B. - Il presente contratto, in triplice esemplare, unitamente alla richiesta di tesseramento, deve essere depositato a cura della Società presso gli Organi Federali competenti entro il quinto giorno successivo alla data di stipulazione. Una ulteriore copia del contratto, regolarmente sottoscritta, deve essere consegnata all'allenatore al momento della stipulazione.

NOTE: punto 1) indicare se: allenatore di prima categoria, ovvero Istruttore professionista di giovani calciatori, ovvero allenatore di seconda categoria, ovvero Direttore Tecnico. Punto 2) indicare se: allenatore (o Direttore Tecnico) responsabile della prima squadra, ovvero allenatore della prima e/o seconda e/o terza etc., squadra giovanile.

我和尤文图斯签下的合同。家人都不相信这是真的……

Document 1: Contratto Tipo di Prestazione Sportiva (F.I.G.C.)

F.I.G.C.
Lega Nazionale Professionisti

☐ BARRARE SE TRATTASI DI
ACCORDO PRELIMINARE
DA DEPOSITARE ENTRO
IL 30 GIUGNO 1998

ALLENATORE
1998-99

CONTRATTO TIPO DI PRESTAZIONE SPORTIVA

Allegato all'Accordo Collettivo vigente tra Allenatori professionisti e Società sportive di cui fa parte integrante.

Con la presente scrittura privata, da valere ad ogni effetto di Legge, tra la Società

JUVENTUS F.C. S.P.A.

9609

con sede in TORINO PIAZZA CRIMEA 7

numero Partita I.V.A. 00470470014

rappresentata dal Sig. ROBERTO BETTEGA nella qualità di VICE PRESIDENTE

ed il Sig. CARLO ANCELOTTI matricola n. 28392

nato a REGGIOLO (RE) il 10.06.1959

domiciliato in FELEGARA DI MEDESANO (PR) CAP 43014

RECAPITO PERSONALE AI FINI DELLE COMUNICAZIONI DI CUI ALL'ACCORDO COLLETTIVO (NON VALIDO QUELLO PRESSO LA SEDE DELLA SOCIETÀ)

via/piazza VIA GARIBALDI n. 38

Codice Fiscale N. NCL CRL 59H10 H225L

si stipula e si conviene quanto segue:

Art. 1 - Il Sig. CARLO ANCELOTTI

(1) ALLENATORE DI 1ª CATEGORIA si impegna, nella sua qualità di

tesserato della F.I.G.C. (fin d'ora individuato in contratto come "allenatore"), a prestare la propria attività quale (2)

ALLENATORE PRIMA SQUADRA

a decorrere dal 9 FEBBRAIO 1999 e fino al 30 giugno 2001

Art. 2 - La Società si obbliga a corrispondere all'allenatore i seguenti compensi:

a) compenso annuo lordo L.

(per contratti pluriennali indicare l'importo pattuito per ciascuna stagione sportiva).

DAL 09.02.99 AL 30.06.99 L.1.478.500.000- LORDI PARI A L. 800.000.000- NETTI

STAG.SPORTIVA 1999/00 L. 3.329.000.000- LORDI PARI A L. 1.800.000.000- NETTI

STAG.SPORTIVA 2000/01 L. 3.329.000.000- LORDI PARI A L. 1.800.000.000- NETTI

b) eventuali premi collettivi come da separata pattuizione da depositare presso la Lega competente.

Art. 3 - Il presente contratto di prestazione sportiva è regolato dal vigente Accordo Collettivo tra F.I.G.C. - Lega Nazionale Professionisti - Lega Professionisti Serie C ed A.I.A.C., che si intende integralmente riportato e trascritto.

Art. 4 - Con la firma del presente contratto le parti assumono l'obbligo di osservare le Norme dello Statuto e quelle Federali. Assumono altresì impegno di accettare la piena e definitiva efficacia di tutti i provvedimenti generali e di tutte le decisioni particolari adottate dalla F.I.G.C., dai suoi Organi o soggetti delegati nelle materie comunque attinenti all'attività sportiva e nelle relative vertenze di carattere tecnico, disciplinare ed economico.

Ogni azione comunque tendente all'elusione dell'obbligo di cui sopra determina le sanzioni disciplinari previste dallo Statuto e dai Regolamenti.

Art. 5 - A tutti gli effetti del presente contratto la Società elegge domicilio presso la propria sede, l'allenatore nel luogo indicato in epigrafe. Egli comunque si impegna a dare comunicazione scritta alla Società, alla Lega ed all'AIAC, di ogni eventuale variazione.

TORINO, **9 FEB. 1999**

JUVENTUS F.C. S.p.A. [firma] L'Allenatore [firma]

Le parti dichiarano di aver preso esatta cognizione del contenuto delle clausole previste dagli artt. 3, 4, 5 del presente contratto e le approvano specificatamente.

Resta inteso che le parti convengono nel ritenere che l'indennità di fine carriera maturata fino alla data del 1/1/1975 deve considerarsi compresa negli emolumenti a suo tempo corrisposti ed ottenuti ed in questo senso l'allenatore rinuncia espressamente a qualsiasi rivendicazione in proposito per il periodo precedente.

JUVENTUS F.C. S.p.A. [firma] 9609 L'Allenatore [firma]

N.B. - Il presente contratto [...] unitamente alla richiesta di tesseramento, deve essere depositato a cura della Società presso gli Organi Federali competenti entro il quinto giorno successivo alla data di stipulazione. Una ulteriore copia del contratto, regolarmente sottoscritta, deve essere consegnata all'allenatore al momento della stipulazione.

NOTE: (punto 1) Indicare se allenatore di prima categoria, ovvero istruttore professionista di giovani calciatori, ovvero allenatore di seconda categoria, ovvero Direttore Tecnico. Punto 2) Indicare se: allenatore (o Direttore Tecnico) responsabile della prima squadra, ovvero allenatore della prima o seconda e/o terza etc...

Juventus F.C. S.p.A. - Sede: P.zza Crimea, 7 - 10131 Torino - Tel. (011) 65 63.1 - Fax (011) 660 45.50 - Campo: Stadio Comunale Tel. (011) 329 00.88
Capitale Sociale L. 3.000.000.000 int. vers. - REA n. 293563 - Registro delle imprese n. 552/67 - Tribunale di Torino - C.C.P. 00342105 - Partita IVA 00470470014

Document 2: Accordo Juventus F.C.

JUVENTUS F.C.

ACCORDO

[...] S.p.A., LEGALMENTE RAPPRESENTATA, E, IL [...] OTTI, ALLENATORE DI 1ª C.a, RESIDENTE [...], SI CONVIENE E SI STIPULA QUANTO SEGUE:

[...] CARLO ANCELOTTI ASSUMERÀ, IN QUALITÀ DI [...] RESPONSABILITÀ TECNICA DELLA 1ª SQUADRA [...] S.P.A. A PARTIRE DAL CAMP. 1999-2000 [...] GIUGNO 2001.

[...] CARICO LA JUVENTUS F.C. SPA CORRISPONDERÀ [...] ANCELOTTI LA SOMMA DI £ 1.800.000 ([...]CENTOMILIONI) NETTI PER L'ANNATA CALCISTICA [...]

£ 1.800.000 (UNMILIARDOOTTOCENTOMILIONI) NETTI [...] CALCISTICA 2000-2001.

[...] CARLO ANCELOTTI CONCEDE ALLA JUVENTUS F.C. SpA [...] DI ESERCITARE OPZIONE PER L'ANNATA [...] 2001-2002 CON LA CIFRA SIN D'ORA STABILITA [...] (DUEMILIARDI) NETTI. TALE OPZIONE POTRÀ [...] EVENTUALMENTE ESERCITATO DALLA JUVENTUS F.C. SPA [...] MARZO 2002.

[...] ANCELOTTI PERCEPIRÀ I PREMI PREVISTI [...] QUADRA PER OGNI SINGOLO GIOCATORE [...] e sottoscritto

[...] SPA [firma] ANCELOTTI CARLO [firma]

Document 3: Lega Nazionale Professionisti

FEDERAZIONE ITALIANA GIUOCO CALCIO

LEGA NAZIONALE PROFESSIONISTI

Milano, **2 2 LUG 1996**

Prot.n. 930 GP/

Egr. Sig.
ANCELOTTI CARLO
Via G. Garibaldi 38
43014 FELEGARA Reggio Emilia

e p.c. Spett.
PARMA A.C. S.p.A.

In allegato Le trasmettiamo la copia del contratto economico da Lei sottoscritto con la Società:

PARMA A.C. S.p.A.
avente decorrenza 01 Luglio 1996
e scadenza il 30 Giugno 1998.

cogliamo l'occasione per porgerLe cordiali saluti.

Essere sereni, convinti della nostra forza, della nostra
idea e concentrarsi per applicarle, lavorare sul
concetto della palla dietro di centrocampisti —

- Fase difensiva, essere compatti, recuperare di forza
  via palla e ripartire.

- Fase offensiva, possesso veloce, ricerca della palla
  dietro di centrocampisti e attacco in profondità —

- La

          - Compatti, ... - determinati
          - Entusiasmo, coraggio - semplicità
          - Mentalità tra umiltà e ...

MANCATURE

CRESPO
DI BIAGIO
COCO
CANNAVARO
CORDOBA
MATERAZZI

MILAN - INTER   7.5.2003

FASE DIFENSIVA

DIDA
COSTACURTA
NESTA
MALDINI
DALADZE
BROCCHI
GATTUSO
RUI COSTA
SEEDORF
INZAGHI
SHEVCHENKO

ABBIATI
SIMIC
ROQUE J
REDONDO
SERGINHO
RIVALDO
TOMASSON

- Squadra da tenere compatta, fare bene
  le diagonali difensive, e di centrocampo.
- Attaccanti vicini alle squadra, lavorare per
  evitare il lancio lungo dei difensori.
- Gattuso davanti alla difesa, pronto a
  raddoppiare su attaccante incontro, e
  controllo posizione di Recoba
- Difesa mobile, accompagnare il movimento
  di Crespo in profondità, salire se c'è
  l'occasione.
- Aggredire sulle fasce laterali, non dare spazio
  per cross facile —
- Palla nostra metà campo, Sheva sul centrale,
  Nesta (Di Biagio)
  — Mentalità a scalare su Recoba quando si stacca —

FASE OFFENSIVA —

- Fare un passaggio efficace, senza fermarsi, non portando
  palla, giocare a 2 tocchi, cercando di verticalizzare
  dietro la linea dei loro c.c tutte le volte che è
  possibile
- Importante posizionarsi bene, NESTA, SEEDORF e BROCCHI
  ai lati dei centrali centrali
- Occupare lo spazio sul movimento SEEDORF e BROCCHI.
- Inzaghi attaccare lo spazio in mezzo ai
  centrali per allontanare la linea.
- Palla a Costacurta, Sheva finta incontro e poi
  dietro al terzino, con Brocchi a taglio.
- Cambiare il gioco per sfruttare il taglio degli
  esterni
- Non avere fretta, partecipare tutti alla costruzione
  del gioco anche gli attaccanti, aspettare per attaccare
  in contropiede.

MARCATURE

COSTACURTA — DI BIAIO
NESTA — CRESPO
MALDINI — MATERAZZI
KALADZE — COCO
INZAGHI — CORDOBA
SHEVCHENKO — CANNAVARO

RIGORISTI

PIRLO
RUI COSTA
SEEDORF
INZAGHI
COSTACURTA
SHEVCHENKO
NESTA
MALDINI
KALADZE
GATTUSO

SERHINHO
RIVALDO
BROCCHI
~~AMBROSINI~~
TOMASSON
AMBROSINI
ROQUE J.

DA FARE

~~Regia senza prefibrosin~~

2003年欧冠联赛，在与
国际米兰的历史性德比
的首回合之前，我分发
给球员的战术安排

ABBIATI
COSTACURTA
NESTA
MALDINI
KALADZE
GATTUSO
PIRLO
SEEDORF
RUI COSTA
INZAGHI
SHEVCHENKO

FIORI
BROCCHI
ROQUE J
AMBROSINI
SERHINHO
RIVALDO
TOMASSON

INTER - MILAN 18.5.2003

FASE DIFENSIVA

- Distacccare .... per lavorare sugli esterni

- Rui pronto a uscire su ... se porta palla, con autrocompost ... scalon in avanti

- ... palla laterale, Rui su Di Biaio, Pirlo su C.Evlino, ...

- Difese mobili, una in croccore, ...

- Pronti ... uscire in avanti se ... l'esterno riceve ...

- Aggredirli con decisione e tempismo, quando stiamo ben posizionati

FASE OFFENSIVA

- ... (RICEVERE PALLA IN AVANTI)

- Attacare gli spazi laterali dietro spalle del giocatore esterno e con ... e con RUI ... con un c.c.

- Si chiude giocan su Pirlo ...

- Attacare ... quando la palla è laterale, oppure attacare la profondità quando la palla è centrale (TROVARE IL TEMPO GIUSTO)

- Quando l'attacco è centrale, attacare allargando, quando l'attacco è laterale, chiudere ... profondità dietro le spalle di Materazzi

- ... eventualmente il 2:1 sulle fasce laterali

- Essere svelti, determinati, ... della nostra fase

- ... giocan la partita per evidenziare ... Questa partita ... è oltre che il sigillo a tutto il nostro lavoro, ... sacrifici ... che questo momento sia arrivato ... dobbiamo essere content

2002—2003赛季欧冠决赛，AC米兰点球3：2惊险击败尤文图斯夺冠

2005年9月10日，意甲第二轮，AC米兰主场3：1胜锡耶纳

2005年5月4日，在飞利浦球场开始的冠军杯半决赛第二回合比赛中，AC米兰客场1：3不敌埃因霍温，不过AC米兰凭借客场进球多的优势成功晋级

AC米兰在2007年欧冠决赛中2∶1险胜利物浦

你们举着我，我举着我们的大耳朵杯

2009年7月，切尔西召开新闻发布会，我和定制款球衣一起正式亮相

2009—2010年英超第三十六轮，切尔西7∶0狂屠斯托克城，重返积分榜首

2009年慈善盾杯中，切尔西的约翰·特里罚点球成功

切尔西队主场8∶0狂扫维冈竞技，这场比赛之后，切尔西锁定联赛冠军。初到切尔西的我，没让来斯坦福桥的球迷们失望

继2009年之后，切尔西艰难卫冕足总杯，成就双冠王

2009—2010年切尔西夺得足总杯冠军，坐巴士巡游庆祝，伦敦街头尽染蓝色光辉

2012年的第六十五届戛纳电影节期间，我和宾客们出席对抗艾滋的活动

2014年5月24号，皇家马德里在葡萄牙里斯本光明球场战胜了马德里竞技

2014年圣诞节，我为皇马拍摄圣诞写真

谨以此书献给我的父亲基色普以及我的母亲西西莉亚，还有斯蒂芬诺。

——卡尔洛·安切洛蒂

也把此书献给我的妻子埃莉诺拉，还有我的儿子。

——亚历桑德罗·阿尔恰多

　　我想我会永远直呼其名，事实上，我也一直是这么做的。当一个足球运动员退役的那一刻，才是他和教练成为朋友的开始。在一定程度上，双方之间的阻碍减小了，关系也会变得更加亲密。很幸运，我在退役之前，就已经有幸做到了这一点。表面上看，我是卡尔洛手下的一员。实际上，我们却有着不折不扣的"事实婚姻"。人们常说，我是AC米兰的旗帜。如果这句话是真的，那是因为我借助了卡尔洛而挥动翅膀。当他这阵风开始吹动的时候，我会飘向球场，随之起舞的还有印着我号码的那件3号球衣，感谢我的队友们，让这个号码变成了一个完美的符号。他是一盏指路明灯。谈到对更衣室以及球队会议管理的方式，就像他一直做的那样：当一个极其出色的喜剧演员。他很擅长说那些灌水性质的玩笑，即使是在冠军杯决赛之前的重要时刻。他也会眉飞色舞地谈论昨晚的晚餐——烤肉。而我们，则会去取得胜利。为什么？因为我们心态很放松。人们总是想象：在最紧要的关头，一个教练必须发出那些动人的最后的呐喊。事实上，我们也总是热泪盈眶，不过不是因为过于激动，而是他说得实在太好玩了！有一些时候，我们甚至能听到对方的更衣室一片死寂，而在我们这边呢？主席先生和教练却还在和我们开着玩笑。我们就是一个大家庭，而这和谐的一幕只会发生在一个有爱的大家庭。

卡尔洛从来不会失态，当然，他吃饭的时候，有可能例外。因为当他坐得稳稳当当、拿起刀和叉的时候，我确信，一定需要一个驱魔道士才可以阻止他。自从他成为了一名教练之后，他就坐在定制的桌椅前，拿着定制的菜单，当然，还有一套"定制"的消化系统。他总是吃一会儿，喝一点酒；再吃一会儿，再喝一点酒。当一些美味佳肴呈现在他面前的时候，他会忘记所有的技战术，包括他那被人钟爱的圣诞树。不过，他实在不是一个自私的人。于是他会把我叫过去，对我说：

"保罗，你过来，尝一尝这个。"

"可是教练，我是一队之长，应该树立一个好榜样才对啊。"

"可是保罗，我更是你的教练，试一点，味道实在大赞啊。"

他是一个大方的人，即使在他喜爱的美食面前。他是一个懂得享受生活的人，而这也有助于我们活得更绵长一些。在我见过的所有教练中，他无疑是最不会让他人焦虑的一个。他尽力一个人控制住所有忧虑和压力，以便球队能够处于平静的状态。也正是依靠这种平静的状态我们才可以去追求胜利和不断地赢得胜利。然而，即使是世界上最富有耐心的人，也不可能永远都保持冷静。上一次我看到他在卢加诺真的气到爆炸，那是一场冠军杯资格赛之前的友谊赛，对手来自瑞士的第二级别联赛。他看起来就像得了失心疯，对我们说了最难听的话，让我们脸上火辣辣的，那些话简直就是一种不可原谅的侮辱。作为一个好同志，我不能在这里复述给大家听。他就那样越来越生气，我却开始有想笑的冲动。他像一列脱了轨的火车，实际上，我从未见他如此动怒过。他发怒的脸涨得紫紫的，就像一颗甜菜一样。而坐在一旁的加利亚尼，却打了一条鲜黄色的领带。两个人配在一起，真的很像一道彩虹。两天之后，他过来请求我们的原谅。他一遍又一遍解释他不是故意的，看上去就像一只泰迪熊，把姿态放得很低很低。追寻我们胜利纪录背后的秘密就是——他只做一个平凡的人。没有必要去成为那特殊的一个、两个甚至三个，然后才去取得胜利。只要我们保持内心的平衡，并且远离镁光灯，不要在电视采访时制造话题，那就足够了。

卡尔洛和我之间一直有着一种舒服又亲密的工作关系。我们常常谈论各种事情。无论什么时候发了脾气，他总是不服输地过来问我："保罗，难道我真的错了？"卡尔洛从未想过去亲力亲为每件事情，而这正是他大智慧的一个重要标志。也因此，无论他去哪里，总是能够取得胜利：无论是在AC米兰，在切尔西，还是在皇家马德里。他对足球运动的理解，是全球化的，是很深刻的。在他的脑袋中，对足球比赛的方方面面都有让人惊奇的想法，甚至当他还在踢球的时候，他就是一个充满想法的杰出组织者。你几乎无法去苛责他，无论是技术还是为人。如果你真的那样挑剔，那你就是戴着有色眼镜看人。在米兰，自从萨基之后，我们有过许多教练。他们中的每一个人几乎都是赢家；然而，每个人又都有自己的哲学去管理这个团队。抛开技战术和结果论，如果有人问我：这些年谁带给了你最高品质的生活？我会毫无疑问地回答：卡尔洛。在他来到米兰内洛之前，是有些固执，缺少技战术方面的创新。但随着时间的流逝，他成长了，甚至可以说他进化了。而这个进化过程，是我们和他一起经历的。因为，你需要那样一些球员，一些不会利用卡尔洛的人。在每件事的背后是我们之间的那种互相信任。这么多年过去了，有一些人确实会耍一些小滑头，然而我们很快就教会他们，如何去正确地做人、踢球。特别是我们向他们解释，他们必须无条件地尊重卡尔洛：无时无刻。因为卡尔洛可以让我们踢出有魔力的足球，也因为他对球队的谈话方式，还因为他在场下的榜样作用，更因为他在这本书里所诉说的话语。这本书没有一丝一毫的遮掩，让你明白他的生活，和他的为人。一千个人眼里有一千个卡尔洛。而在我心里，很简单，他就是一个朋友，一个又壮又好说话的家伙。亲，我很想你。

——保罗·马尔蒂尼

目录
CONTENTS

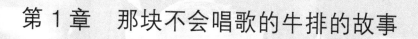

第 1 章　那块不会唱歌的牛排的故事

在我的生命中有且只有一次，我觉得需要一个精神医师。我看着尤里·日尔科夫，可事实上我能看到的只有那块里脊牛排。铁板烧得刚刚好，汁多，烟熏，五分熟。我看着他，肚子却突然饿了起来。事实上，这对我来说也是再正常不过了。我的脑袋里突然就闪现出以下的场景：嫩肉和鲜鱼，红酒和可乐，香肠和芝士，再来一大片的干酪，炸鱼和薯条，千层蛋糕，餐后小酒，意大利面，罗勒沙司，肉糜酱，一整块的里脊牛排，焖烧小牛肉，各种开胃菜，甜点，这一次甚至还有意大利北部在圣坛里做的新式菜肴。我记得我当时喝了一杯蒸馏咖啡，咖啡豆是生长在一堆大便上的，更神奇的是，那是农夫自己的大便。这就是我知道的有关那杯咖啡的全部。换句话说，我把我能想象出来的食物都狼吞虎咽了一番，但是，至今还没有一个足球运动员能把我的饥饿感给调动起来。与此同时，就在那一刹那，有一个新奇的开胃菜在我脑中浮现出来了。这可能和刚才被扔向日尔科夫的那把叉子有关，它划出一道弧线，不得不说，这是一道优雅的弧线。不知是谁出手扔的，目标却直捣黄龙。从弹道学上来说，它划破天际，是完美的一击。盘子没了，刀和叉子也不见了。但是餐馆还在，我们也在切尔西足球俱乐部。我作为切尔西足球俱乐部的经理人，有着腰部横向发展的趋势。而他们则是一群渴望胜利的球员。在他们之中，有一个拥有无限天赋的俄罗斯中场发动机——日尔科夫。他有一个缺点，他不会唱歌，只会发出哼哼的声音。

但是从现在开始，他必须开始唱歌，这是他的表演时刻。如果你想真正融入这支球队，签一个合同是远远不够的。还有另外一个关卡，而这个关卡，恰恰是最难的。在这里，没有怜悯，没有仁慈。每一个球员都必须经受K歌大考验，这是一个神圣不可侵犯的"宗教仪式"。这一次的舞台是在洛杉矶的一家宾馆里，它是2009年夏季美国行中的一站。自从离开米兰内洛之后，这是我第一次带队在外旅行。好莱坞与我们咫尺之遥，而日尔科夫正在他的舞台上。我努力地分辨着，到底是在看一场极致搞笑片还是恐怖片。最后我感觉到脊背阵阵发麻，判断出这应该更像是一部恐怖片。对于那些从青年队调上来的队员，则要求他们当着全部新队友的面跳一段舞。而从其他俱乐部来的新队员或者员工，只是被简单地要求唱一首歌曲。不过条件是：不许有伴奏，不许有任何帮助，这好似一种赤裸裸的虐待。拿我做例子吧，我马上选定了《这个世界每个人都是大胃王》这首歌，它的原唱是兰多·菲奥里尼，一首在意大利北部吃饭时常用方言唱的歌。通常你会在一个小城镇的派对上听到这种歌，当然是在每个人都喝醉之后。如果你们不知道我说的这首歌曲，建议你们去听一下埃尔顿·约翰①的歌，就可以知道，我唱得有多难听。然而，他的曲子大多非常优美。而我选的这首歌的旋律则过于坚强有力了。实际上，有人还拿起了桌布前后挥舞，像一位舞者。看，他们都臣服在我的勇气之下了吧。

　　然而，发生在日尔科夫身上的，却完全是另外一回事。他被我们的一名按摩师介绍给了大家。"女士们，先生们，请安静。我很荣幸为大家介绍一位俄罗斯艺术家。他今天来，只是为了我们。所以，也借一下各位的耳朵，请各位当一回评委。"可是，背后的一些偷笑声，却分明有点不安的预示——俄国来的怒汉。这位富有牺牲精神的受害者，就将奔赴刑场。而现在，我看到特里眼里那极富戏剧性的表情在隐隐作祟，

---

① 埃尔顿·约翰，1947年3月25日生，英国歌手，词曲作家，钢琴家，唱片制作人。

甚至在他开口之前，他们就已经准备好了大笑一场。而伊万诺维奇还在为他鼓劲：“加油，日尔科夫！”可是，这绝对是一种要看你结结实实摔一跤的那种不纯洁的鼓励。他的队友们已经嘲笑他几天了，还告诉他为了这一刻需要多多训练，就好比对待一场欧冠决赛那样。他在切尔西的未来，就全靠那个晚上的表现了。这不是危言耸听，实际上，对于新援，这真像一种洗礼。当我刚刚步入餐厅大门的时候，他看起来和我一样在暗自给自己鼓劲，但心底深深的害羞实在帮了倒忙。他站在凳子上开始了表演。哦！我的天啊，我从来没听过那么雷的声音，简直就是一场灾难。他没有唱准一个音调，一个也没有。一会儿飞向他的是块面包，接着又是整个水果。在他身上有着太多的美食，甚至比之前餐桌上还要多。也就是在那个时候，我开始喜欢上了他。你可以看到他的眼睛开始闪烁，歌声好像是一只溺在水里的猫的求救，又像是一只猪发出的哼哼声，空气都凝固了两分钟。那些断断续续的歌词，沉闷无比的曲调。我之前在AC米兰的主席西尔沃·贝卢斯科尼一定会总结道：可不，这家伙压根不懂音律。然而切尔西的队员们做了另外一件事，它比贝卢斯科尼的那句话还要“邪恶”。他们竟然逼着他唱完了那首歌！他们拒绝怜悯他，拒绝打断那令人毛骨悚然的声音，拒绝让他灰头土脸地回到座位上，甚至拒绝回去睡觉，除非日尔科夫完成他的超级表演。最后一段歌曲终于把他搞残了，因为他的队友们再也忍不住了。感谢上帝，有人扔出了那把叉子。

　　我注视着那把叉子，它停留在半空片刻。从某种意义上来说它代表了慈祥。叉子在空中边飞边转，无视地心引力，就好像一枚精确的导弹。这是一枚聪明的导弹，它有一对不容噪声的“耳朵”。最终，叉子到达了它的终点。它慢了下来改变了轨迹，就好像一个足球，被人稍稍用向下的力量踢了出去。当然，也可能是那把叉子不好意思冲向日尔科夫。在那一刻，我得出了一个结论。当我们谈论到食物，以及需要使用刀叉的时候，我的大脑就变成了一条直通肠胃的单行道。两者之间立刻出现了有机的联系：叉子＝牛排。我笑了，在那一刻，我是那间屋子里最快乐的男人。至少，比那个被窘迫捆绑起来的人质，并且唱出了近似于人猿吼叫的日尔科夫幸福多了。切赫想戴上他的头套来保护耳朵，而马卢达是最疯狂的那一个。他吹着口哨，大声咆哮，在那里乱蹦乱跳，仿佛被恶魔抓住了一般。这是个一环扣一环的搞笑片段。我环顾四周，原本想找一个红色的小丑鼻子放在自己脸上，却没想到今夜我至少不是最出丑的那个人。可怜的日尔科夫，至今还没有完全走出那一天的阴影。但是，像他这样的好人，我这样的好人，以及其他所有的好人，例如我们队伍中天才的理疗师布鲁诺·德米凯利斯①也是那晚上日尔科夫的幕后推手。那难忘的一夜他也唱了《今夜无人睡眠》②这首歌。正因为这些人，我们才可以在英格兰足球历史上破纪录地夺得双冠王。不要忘了在赛季开始前的慈善盾杯比赛中，我们还打败了曼联。很长时间以来，我都觉得那个慈善盾杯是我最喜欢的奖杯，因为它实在太像一个餐盘了。在那个盘子里，你可以放任何你喜欢的食物，我则堆积了大量的激情。我曾经对英国一无所知，现在却发现了全新的世界。伦敦、英格兰、切尔西、阿布拉莫维奇、斯坦福桥、蓝魔，还有伊丽莎白女王。这是我生命中前进的一大步，是在这个无可比拟的马赛克国家获得的另一个冠军，这实在是一次无比闪耀的冒险。它从日尔科夫那恐怖的歌声开始，最后由脍炙人口的短诗歌结束。数以千计的球迷占领了福尔汉姆

---

① 布鲁诺·德米凯利斯，生于1948年，意大利人，曾去美国留学，后为安切洛蒂助教。
② 《Nessun Dorma》，是意大利歌剧作曲家普契尼的大作《杜兰朵》中的歌曲，原文中用的是意大利语 Nessun Dorma，英文版为None Shall Sleep，中文译为《今夜无人入睡》。

路，而我和我的队员们站在双层巴士的顶端，大声歌唱着《飞翔》①。记得那是我们在温布利击败了普利茅斯而获得足总杯的第二天。整个城市的一角都变成了我们欢乐的海洋。不可侵犯，坚不可摧。

一切都很美妙，尽管在开始的时候有一些艰难。我的英语比较烂，所以，俱乐部把我送到了荷兰的一个强化班学习。不过我想悄悄告诉你，与此同时，俱乐部也把他们所有的高层经理都送去学意大利语了。我不知道这是出于尊重我还是因为他们知道我是一个很没用的学生。我能够很好地融入更衣室，威尔金斯②扮演了很重要的角色。他是我的助理教练，也是我的好朋友。他帮我翻译了很多话，虽然，许多人也一样可以做到。然而，他真正的才能是可以准确表达我的感受，而只有相当少的一部分人才拥有那样的天赋。他总是显得精气神儿很足，他是一个真正的"蓝血人"，切尔西在他的血管中奔腾。他能够流利地说两种语言，这给了我巨大的帮助。要不是他，我们也许连一个冠军都赢不了，最重要的是，我们绝不可能以那样好的状态开始一个新的赛季。新赛季的第一场比赛，我们就赢得了一个冠军：慈善盾杯。我们点球战胜了曼联，安切洛蒂1∶0战胜弗格森爵士。之前我从未到过温布利，那是一次让人激动的经历，或许相比激动，好奇的成分更多一些。尽管如此，我还是记得比赛是怎么样结束的。我们的训练十分刻苦，几乎不可能会输掉比赛。在我的新队员面前，我完完全全没有一点的窘迫或是紧张。而我的队员们，也丝毫没有给一个意大利新教练留下坏印象的思想包袱。赛前我和他们在更衣室里说："我们是一支一流的队伍，但是，你们或许

---

① 《Volare》，意大利歌手兼词曲作家多梅尼科·莫杜妮奥的一首歌，于1958年2月1日作为单曲发行。
② 雷·威尔金斯，英格兰前足球明星，1997年退役后从教，大多数时间的身份是自己出道的俱乐部切尔西的教练组成员。

还没有认识到这一点。我们需要进攻，把比赛纳入我们的节奏，这样才能被人们真正认可。今天，我将看看你们到底有多棒。"有一件事，无论怎么样，在起初的几个礼拜中就已经清晰地刻在我脑中：特里，是队长中的队长。他与生俱来就戴着队长袖标。即使没有那个袖标，他也依然看着就像戴了一般，就像是极其自然的事情。他和其他人都不一样，切尔西就是他的家，从青年队开始，一直就是。他的一句话语就可以让整个更衣室屏住呼吸。吃饭的时候，他是第一个坐下的，也是第一个离开的。而在其他地方，他也总是在队伍中做那个最好最有表率作用的人。成为俱乐部的一部分，就好像是他的任务一般，他简直就是由切尔西组成的。他会时时刻刻去近距离观察青年队员们的表现。他知道所有的射手，简单点说，他对一切了如指掌。当然，当他在食堂里打乒乓球的时候，你可要小心了。他对工作极其认真，比任何人都认真。这种责任心就像老板对于普通员工，心理师对于病人。

最后我们去拿属于我们的奖励，从场地上攀爬着，来到高高的领奖台。这么高的领奖台，我以前只在电视中看到过。那会儿我一直想，人们在那一刻会有什么样的心情。没过多久，我明白了：我必须要减肥。我的天哪，是的，我一定一定要减去一些体重。我感觉我就像在爬世界上最高峰一般，气喘吁吁，衣冠不整，几近缺氧。然而当我到达顶点的时候，我才了解：这是一种一览众山小的感觉，好像到达了天际。而天空的颜色，正好和我们的队服一样，那一定不是个巧合。当他们把奖盘，或者说大餐盘，放在我手中被我高高举起的时候，我感到了巨大的荣幸。它很轻，但却是无价的，独特的，无可比拟的，这是奇妙的时刻。之后却有一种不易察觉的沮丧感抓住了我，不过你知道，当我看到一个空空如也的"大盘子"的时候，我会经常有这种感觉。

第 2 章 关于计划表和胜利

足球这项运动有时候就像你和你的朋友一起吃午餐：你明明已经吃了很多，却仍然意犹未尽。厨师的手艺如何、你的同伴是谁，都会让一顿饭变得与众不同。就好像我喜欢大卫·贝克汉姆做我的搭档一样。当他为米兰效力的时候，有一次，我邀请他去一家坐落于帕尔马的餐馆。最后，我坚持要走，大卫却拒绝离开。他不停恳求道："求你了，再多来一盘。"在那一刻我想，还是叫警察把他铐走吧，否则他还会继续往他嘴里塞更多的意大利饺子。最后，我试着用这些话去说服他："大卫，你看，如果你再不走，我就要把辣妹巡演再次组织起来。"14秒之后，我们重新坐回到了车里，急速地驶回米兰，甚至连收音机都没有打开。

画外音：让我来说说大卫吧，他对我来说真的是一个又巨大又正能量的惊喜。当他刚到意大利的时候，我想我要和一个想家的洛杉矶影星打交道了。他脑袋中一定充满了太多流言和名声，却缺少了对于足球的热情。但是，我错了。他是一个无懈可击的职业足球人，一个工作狂，还是一个甚至有点过于礼貌的绅士，当然，他还非常诚实。最后，不得不说的当然是他非常喜欢优雅的米兰，而这也是最重要的。

时光不能倒流，但是有一天我会带领我的切尔西队员们去帕尔马。我只要帮助他们解决一个问题，尤其是兰帕德和特里那两个英国人，那就是帕尔马的阳光太好了，或许会把他们弄得晕头转向。他们抬头可以看到奇怪的橘黄色的大球高高挂在半空中，挠着头问道：那是什么？他们会害怕，甚至比听到日尔科夫的卡拉OK还要害怕。英国人，生来就没有见到过太阳。我却见过太阳，但是我最初在伦敦的10天里，我努力让自己忘记它的样子。那儿总是下雨，不分日夜，24小时不停地下。早上我离开家的时候，穿着短袖，活像一个漫步在迈阿密海边大道的孩子，当然，没有塑料桶和小铁铲。而晚上回来的时候，外边的寒气却冷到了骨子里。我被冻得像一条阿拉斯加雪橇犬。当然，没有那条摇晃的尾巴。一下子，我突然就适应了寒冷的天气，适应了全新的生活，而英格兰人扮演了很重要的角色。我可以去任何想去的地方而不会在街头被截住，对于我来说是一个让人激动的变化。我可以去超级市场，唯一阻拦我的人可能是那儿的保安。他们看着我满是商品的购物车，也许开始怀疑道：这人是在抢劫吗？有些人认出了我，但他们只是把我当作他们中的一员。他们让我一个人在那，留下一些私人空间。反之，今年找我签名的绝大部分都是意大利球迷。尽管如此，他们还是永远会在我心里占据一席之地。英格兰球迷的态度让足球这幅画面更广阔，他们的足球文化是：人们去体育场，为他们的球队加油鼓劲。如果你犯了错误，你知道将失去些什么。小孩子们也来到体育场，没有人戴着棒球帽。主教练可以没有那么多生活的压力，因此他拥有更多的闲暇时间去思考，去生活，去把工作做得更好。

然后，对我来说，是时候去取得胜利了。在英超联赛中，我们有一个波澜壮阔的开端，阿布拉莫维奇先生的要求不停地鼓励着我们，他说他希望切尔西踢球的模式能被全世界认可，而我从意大利带来的圣诞树阵型4-3-2-1也在支持着我们的胜利。最开始，没有人真的了解它，不管是那些体育记者还是对手的主教练。有一段时间，我们就像在公园里闲庭散步，我非常享受。记得当时对桑德兰的比赛，我们取得了3：1的战果。那场比赛就好像是身体的一次愉悦旅程。感觉像从山上跑下来。

我们的信心增加了，队员们也都很高兴，因为他们正在尝试一些新的东西，不会无趣。我会根据阿内尔卡的位置去改变我们踢球的方式。所有的事情都非常顺利，直到12月，我们的对手开始研究出打败我们的方法。胜利的轨迹上出现失败的迹象，当然，没有人可以一直取胜。我们输掉了和曼城的比赛，打平了埃弗顿、西汉姆、伯明翰。这很正常，整个赛季中，你不可能取得每一场比赛的胜利。当有人说我们一场比赛都不应该输的时候，我开始笑了。当他们说，我们不可能赢得任何一项锦标的时候，我甚至笑得更欢了。我们回过神来了，重新找到了自己的节奏，并且没有泄露太多的胜利秘诀。简单来说，根本就没有什么秘诀，如果有，那也一定是我们制作的那张时间表的功劳。

一个时间表。就好像你在上小学时，老师们发给你的时间表一样。当你开始学习数数和乘法的时候，你的眼珠会跟着算盘一起转动，你会在睡觉前数羊（告诉你一句实话，数羊肉更好一些，因为它们的肉柔软且易于消化）。慢慢地，你的算数知识就会过滤，进入你的脑袋。当我们在2009—2010赛季欧洲冠军杯中，被最终的冠军国际米兰淘汰出局的时候，我们做对了一道数学题。在那一刻，我们的队伍很不稳定，随时都可能崩盘。过去，当切尔西在淘汰赛中被踢出局后，他们总是会出现一段低谷。所以那天的失败之后，我们全队都聚集在科巴姆训练基地的更衣室。老男人们庄严地发表讲话——特里、德罗巴、切赫，还有兰帕德——他是另外一个伟大的英格兰式统领的典型，当我看到他在场上的时候，总觉得欣慰。我为我们在那20分钟里所做的感到自豪，大家明白之前失去了一次很好的机会，但是我们依然还可以赢得其他更多冠军。我很清楚地记得那些不得不说的话——"英超和足总杯的双冠王依然是我们可以去追求的目标。仅仅有6支球队在过去的140年中取得了这一荣誉，但是孩子们，这一次该轮到我们了。"这个计划，当然不是什么绝密的计划，却使我们的注意力从冠军杯转向了新的挑战。赛季中我们还有11场比赛可以打，如果打好了那么我们就会被载入史册。在那个时候，我们推出了新的时间表。数字和战略的信息是那样清晰，几乎没人会误解。其实上面只有一小部分数字，很简单，但却是需要我们时刻牢记的基础。剩下的训练课：50次。我们剩下的全心去奋斗的天数：60余天。剩余的比赛场次：11场。

第一场比赛是对布莱克本，说实话，最终1∶1的比分有点吓到我了。之后我们却像一颗自动炸弹一样腾空而起：5∶0大胜普利茅斯，7∶1狂胜阿斯顿维拉，2∶1客胜曼联。所有的这些比分，让我们的时间表看起来那样特别。而在老特拉福德的胜利则确保了我们联赛冠军的头衔。即使这样，赛后我也只能和雷·威尔金斯两个人独自喝酒庆祝。作为传统，当最后一分钟的哨音响起之后，我们走向了弗格森爵士的房间并计划和往常一样喝一杯。当我们走进房间的时候，房间安静得让人感觉恐怖。他坐在那里注视着电视屏幕，而电视台正播放着一场赛马比赛，你知道，那是爵士的最爱。我们像背景一样站在那里，若隐若现。威尔金斯和我没说一句话，也不确定我们是来做什么的。最后我和他举杯共饮，为了我们自身的健康，然后赶紧告辞。那个赛季，尽管对阵弗格森的时候，我赢得了3次胜利，但我还是认为，他才是真正的足球大师，一个生命中的导师，一个努力追随的榜样，一个与我竞争的同行。老实说某种程度上他是无法企及的，比如他对赛马的那种热情。在回斯坦福桥之前，我们又在足总杯中3∶0击败了阿斯顿维拉。然后又在联赛中1∶0战胜博尔顿，面对热刺的时候我们狠狠地揍了他们，射进了7个球，然后2∶0轻取利物浦，8∶0狂胜维冈竞技。我们成为了英格兰之王，在一个好客的国家，我成为了一个外来的王者。一个喝得有点微醺的王者，事实上，我只在这个更衣室见过几次那么多的啤酒。队员们跟着饶舌的节奏跳着舞，我也试着跳了一下，不太走运的是，那会儿我对押韵的英语还存在很大的理解困难。而后我做了一件思虑不周的事情，就是决定对着队伍做一个小小的讲话："尊敬的先生们，现在轮到你们开始学习意大利语了。我们现在把你们都殖民了。我负责训练冠军切尔西，而卡佩罗则是你们国家队的主教练。"奥比·米克尔、乔科尔还有球场上的进球机器德罗巴以及因为巨大进步给我留下深刻印象的马卢达，他们都同意了我的说法。用他们的话说：你是对的，卡尔洛，你这个"傻子"。很明显有些事情我并不知道，"傻子"明明是意大利的国骂，而他们竟连这个单词也知道。我说，你们难道不能早点告诉我吗？

我们每个人都拿出了时间表，很快意识到一个没有解决的问题：足总杯的决赛。画面切换：我尤其珍惜那一刻的记忆，赛前当威廉王子过来打招呼的时候，尽管那会儿我们的队伍已经在温布利球场上站成一排了。我把球员们一一介绍给他，随后他淡淡地说："祝你们好运。"那一刻有一个问题在我脑海中浮现，"你可以把我介绍给你奶奶吗？"但是我没有勇气那么问。对于伊丽莎白女王，我始终带着崇高的敬意。虽然我不认识她，但是每次当我在电视上看到她的时候，她的平易近人总是那么吸引我。我很想和她会一次面，尽管我不知道怎么样去安排这次会面。我不可能直接打电话给白金汉宫然后请求被获准。"嘿，你好，我是卡尔洛·安切洛蒂，你知道，就是那个大胃王。我可以和伊丽莎白说话吗？"这显然是不可能的。所以我唯一能够做的就是不停地胜利，或许这样她就会注意到。在她孙子的注视下，我们战胜了普利茅斯，比分是1：0，可是在上半场我们5次打中了门柱。

有几天我觉得我简直活在梦里。我会做相同的决定——去当切尔西的主教练——100次，每一次都是一样的决定。尽管在淘汰赛中被国际米兰淘汰一直是我心中的遗憾。打败国米，而非穆里尼奥。在意大利，我们互相说了太多难听的话，彼此也并不是特别喜欢对方。（读了这本书，你就会明白。）但是自从我来到英格兰之后，我的观点就开始改变了。他在我工作的地方创造了历史，他训练的方式和成果对我的帮助很大，所以他值得我全部的注目礼。我们决定在冠军杯首回合开始之前举行一个停战仪式，地点是米兰。我和他在圣西罗的一个画廊里见面，并相互承诺：不吵嘴，不争辩。6个字，一次握手，10秒钟之内我们相互理解。人们常常问我，为什么在冠军杯中会被国际米兰踢出局？回答是：细节决定成败。没有其他所谓的真相，也没有其他的原因需要去阐述。我从没想过何塞和我会变成朋友，但是现在我们有一种真正的，相互的尊敬。当我拿到英超冠军的时候，他发了个短信给我：冠军。当他赢得意甲头名的时候，我回送了一个信息：香槟，可不要贪杯哦。（香槟指代冠军。）

　　无论你怎么看待这一切，一切又总会回到食物和饮料上。在切尔西的岁月，有太多喜悦的气泡。而我的新生活，都是从一辆出租车开始的。

第 3 章　这才刚刚开始：密会阿布拉莫维奇

老实说，这个出租车司机，开始让我觉得不舒服。他假装在看后视镜，可实际上我知道他只是在监视我的面部表情。他在寻找一个答案，一个我不能告诉他的答案，至少，现在不能。我偷偷摸摸来到这里，一头扎进了这件类似非法的事件中。这让我觉得很奇怪，因为平时我并不是这样的人。AC米兰的主教练现在执行着一项卧底任务。我的心跳还算正常，我想，那是因为我的脑袋太忙了。它需要考虑工作，理清头绪，甚至还要经常琢磨到哪里去玩之类的东西。

现在，请叫我007——我正在为自己执行最保密的任务。我坐在司机的身后，脸上有着刺客般的神情。或许情形的确就是那样，每件事情都必须考虑周到，因为从某种意义上来说，此刻我正拿着自己的生活和未来做赌注。就好像我坐在一部时光机器里，而不是一辆出租车上：从米兰内洛到斯坦福桥，从昨天到今天，从一个红黑色的魔鬼到另一个海蓝色的魔鬼。尽管，我还不熟悉后者。哦，忘了提一下，我现在正在巴黎。这辆的士，正载着我去和罗曼·阿布拉莫维奇会面。他是一个白手起家的亿万富豪，还是切尔西俱乐部的大股东，更重要的是，当然，仅仅对于我来说，他们正在寻找一个新的教练。

无人知晓，事实上就在两周之前，我们已经有过一次会面。那是在瑞士的日内瓦，一个离市中心不远的大酒店里面。我很想告诉你它的名字，我真的很想，但是我实在是记不起它的名字来了。我想一定是因为我老了。查理·斯蒂里塔诺组织了这次会面，他是我一个在美国搞足球的朋友。他认识切尔西俱乐部的首席执行官彼得·肯扬。当那个赛季一结束，肯扬就明确表示想要和我会面。话音刚落，我们就真的见面了。我当时正在湖边度假，泡在河水中沐浴着阳光，想用清澈的河水冲刷走一些因为米兰错失了欧冠名额的苦涩。阿布专程过来看我，这是一个好兆头，然而……这家伙的保镖也太多了一点吧。他们找到了我，架着我去见阿布还有肯扬。欢迎仪式上还有另外两个人，一个律师以及一个翻译。我们都坐了下来，轻松惬意，互相打着招呼。然后开始谈足球了：足球，足球，还是足球，从头至尾。

有些人喜欢刨根问底地知道日期；那是2008年的5月。阿布想知道关于我的每件事。关于我工作的方式，我的足球哲学。他想让切尔西有一个明确的标签。原话是："就像曼联、利物浦或者米兰那样的标签。而我的切尔西，明显没有。"随着他的谈话，我的好奇心也开始越来越重。他根本不是那些报纸上说的怪物，实际上，恰恰相反。第一件让我印象深刻的事是他的害羞程度。第二件事就是他对球员的了解简直就是专家的水平：他知道一场比赛里里外外的事情。第三件事是他对胜利的渴望："我亲爱的安切洛蒂，我想要赢，想要赢得每一项冠军。"实际上，他让我立刻联想到了另外一个人，另一家球会的老板，如果你跟着我的字幕在走的话，很容易联想到老贝……当我们谈了许久之后，我离开了。脑海中带着对他非常良好的印象。时间飞逝，在这一个小时的谈话中，他一次也没有提到钱的问题："再见卡尔洛，期待着很快与你再次见面。"

而现在，我们真的又一次要见面了。出租车到达目的地了——乔治五世大酒店。这是一家奢华的酒店，离著名的香榭丽舍大街很近。它有一个非常巨大的露天看台，可以俯瞰整个巴黎。当然，今天至少还可以看到伦敦。感谢那个有点神经质的出租车司机，下车之后我给了他很多的小费。安全第一总是好的。我继续走向我的终极秘密目的地。这就是我和阿布先生第二次的秘密会面地点。

这件事必须无人知晓，不能让另外一个人知道。这是大家都达成默契的。我戴着太阳镜，假装是一个受过良好训练的特工一般浏览着街道上的一切：检查完毕，一切就绪。没有狗仔队躲在酒店的大厅外。昨天就在离这不远的一个街区，他们抓住了马西莫·莫拉蒂和何塞·穆里尼奥一起吃午餐。一个是现任的俱乐部主席，一个是俱乐部未来的教练。我不能让这一幕在我身上重演。两边都一切正常，没有人看起来像嫌疑犯。现在我可以进去了。这真是一个令人惊叹的大厅，处处充满着奢华的气息。什么？不会吧?! 我实在不能相信我的眼睛。就在大厅的另一头那个角落里，是意大利足球经纪人费德里克·帕斯托雷洛，一个和我关系很好的老朋友。你知道在那种淘汰节目中，两个选手若犯了错误，响起的蜂鸣声吗？好吧，当我正站在乔治五世大酒店的中央大厅，那蜂鸣声，就这样在我耳边回响。深呼吸，但小小的声音在此时此刻却那样明显，就好像在我耳边说道：狗屎。不，凑近一些听，哦，原来是繁体字的狗屎。①

现在我该怎么办？我躲起来。躲到大厅的远端，那里有个小小的凹槽，应该会是一个理想的藏身之处。如果我走得快一些正好可以躲进去。哇，我安全啦。可是并没有。我依然听到了那种熟悉又微小的声音。也许我真的中彩了。那坐着我一个意大利朋友兼同行，他在我一个很喜欢的城市工作。我笑了。

"你小子在这干吗呢？"

---

① 原文是小写的asshole和大写的Asshole，翻译成繁体是为了强调原文大写的A，旨在突出强调安切洛蒂觉得自己在那种偷偷摸摸的情况下内心感觉很不堪。

"晕，该我问你在这里干吗呢！"

我又笑了起来。这个避风港也处在暴风雨之中了，避难的机会是越来越小了。就在那短短的一刻，我突然觉得就像在超市。在座的每个人都是来这里见阿布的，而我们，只是那些展览的商品。这间休息室，现在坐着我们两个，或许还会有第三个，甚至第一百个人。天知道会有多少人。我的头脑开始清醒，感觉冷静了一些。我到这里来的目的是和阿布见面。我走下楼梯，他已经在一间很大的会议室等我了。很明显，这间会议室本可以容纳更多的人。坐在圆桌边上的还是上次在日内瓦见面的那些人。

我想在谈话的最开始澄清一件事："我和米兰还有合同在身，并且，我在那也过得很愉快。如果你们想让我为你们工作的话，你们必须得到米兰的首肯。"

和上次一样，这次的谈话还是全部关于球员的。一个不可避免的问题是：我如何能改变切尔西踢球的方式，我们是否可以找到一个共识？

"主席先生，您的球队太过肌肉化，他们需要植入更多元化的技能。"之后我报出了两个名字——弗兰克·里贝里和哈维·阿隆索。这两个人将会给予球队一种巨大的优势。他也向我报了第三个名字：安德烈·舍甫琴科。很明显，这是一个他深深喜爱的名字。"我实在不明白为什么他不能融入比赛，自从我们把他带到英格兰，他就再也不是那个真正的核弹头了。我真不明白，为什么他会有那么多的麻烦。"

"主席先生，可能我给不了你一个具体的解释。"所以我们就这个事情不停谈论着，越谈越多。我和他说话感觉很惬意，他一点也不强势。甚至当他和我说话的时候，他还故意压低了声音："看，我们刚刚才输掉一场冠军杯决赛，无缘那个奖杯。我很不高兴。切尔西看起来就好像缺少了一点个性。我的期望是球队赢下每一场比赛，但是眼下，我并不认可我的队伍。"他很在乎球队踢球的方式，赢也要赢得有型。他再次让我想起了一个人。我们谈了40分钟。"非常感谢你，安切洛蒂，保持联系。"而且又没有提及钱这个字眼。好吧，我觉得我可以感觉到那层界限。至今为止，还未有任何实质性的东西。

我走上楼梯，重见天日。我当时真的就是这种感觉。但是帕斯托雷洛已经走了，也没有见到我的朋友兼同行。他们都撤了，所以我也撤了。我出门走了走，好似巴黎在召唤我一样。两个小时过去了，我的手机突然响了。

"嘿，是我，阿德里亚诺·加利亚尼，巴黎怎么样？"

等等，加利亚尼怎么知道了？

而AC米兰的副主席接着问："你的短途旅行还顺利吧？"

他已经知道了所有事情。我被抓个正着，就像莫拉蒂和穆里尼奥。这不是一次旅行，也没有任何事情发生。我想清楚了，所以直截了当地告诉他："我来这里和阿布会面了。当这样一支重要队伍的老板给你打电话的时候，你能做的就是去赴会并听听他的想法。"

"但是，你不会去其他地方执教。"

"我也不想去其他地方执教。"

对于去和这样一个大人物会面我很新奇，是的。然而，并没有什么事情逼着我离开米兰。每件事情都还好好的。我和我的队伍也相处得很好。

我走在巴黎静谧的月夜下，这是一个回溯过去的好机会，让我牢记一些事在心头。尤其这样一件事：每当我以教练的身份面对一些重要的决定的时候，它们总是很棘手。进退维谷的情况比比皆是，搞不好就会变成一个笑话。就像那天晚上为了逃避一个合同，我不得不像个贼一样踮着脚偷偷离开。

第 4 章　乐在土耳其

一切的开端都始于伊斯坦布尔，其实我一早就该知道，这确实是一个被诅咒过的城市，除非有人能提出反证。当我卸下帕尔马的教鞭时（1998年6月，3年合同中的第二年），土耳其人出现了。和印象中不同的是他们并不抽烟，而我，则是杆烟枪。他们对于金钱很大方。就在冠军杯决赛后的第三天，我收到了来自费内巴切的消息。这是一支拥有两千万球迷的球队，所有的亚裔土耳其人都是它的崇拜者。他们真的很想要我，这一点是可以肯定的。俱乐部背后的财团很富有，队伍的主席阿齐兹·伊尔迪里姆经营着一家高端房地产公司。他是一个很有活力也很能干的人，在那会儿，我是他个人的（追逐）目标。然而，主要的问题是：我对他们真的没有太多兴趣。

当时他们来我家拜访我，并且最终让我承诺："好吧，我会去你们的训练基地拜访3天，但是你不能强迫我做任何承诺。还有，行程必须保密。"和去巴黎一样，这又是一次秘密的旅行。行程是这样开始的：我搭乘一架私人飞机从帕尔马起飞。故事是这样结束的：几千名球迷在伊斯坦布尔像球队凯旋般那样迎接我。实际上，他们一度把我扛在肩上。住宿的地方是在坎平斯基大酒店的一间总统套房，洗浴室的面积有奥林匹克体育场那么大。不停地有陌生人带给我地毯——那么多的地毯。晚饭是在私人游艇波斯菲罗斯号上吃的。它好比一次乘着海船出行的短途旅行，而在船的休息处则是许许多多的摄影记者。第二天我的名字出现在土耳其各个报纸的头条。这48个小时是对一位罗马皇帝的礼遇，而我只是想在不被人注目的前提下完成这次旅行。

伊斯坦布尔最后的晚餐上，他们给我提供了一个出价。"我们一年会给你300万美元，一共3年的合约。"如果把它和我之前的收入相比的话那可是一大笔钱啊。在帕尔马的这个赛季，我的工资是一年7亿里拉（约合55万美元），奖金另算。而在帕尔马的第一年，我如果获得了意大利杯，那么可以额外拿到1亿5000万里拉（约合12万美元），如果获得联盟杯，那么我可以额外拿到2亿5000万里拉（约合20万美元），而如果最后拿到意甲联赛的冠军，我则可以额外获得5亿里拉（约合40万美元）。考虑到所有的因素，有一个事情是毋庸置疑的：费内巴切给了我一个挣大钱的机会。

但那些并不是我感兴趣的，我仅仅在意甲联赛中执教了两个赛季。而两年的时光，不足以让我冒着风险去另外一个国家。我很想对他们说"不"，但必须想一个合适的说法。这时我脑袋里蹦出了一个想法：不停地提要求，直到他们承受不了。

"我想要一栋海边的别墅。"

"没问题。"

"我要一个私人司机。"

"好的。"

"你们必须支付所有我往来意大利的旅行费用。"

"当然。"

"我将挑选我自己的技术团队，没有人可以叽叽歪歪。"

"那样最好不过了。"

"我求你们了，能不能别再给我地毯了？"

这是一个很过分的要求，但是最后，他们也答应了。我提一条，他们答应一条。很明显，我选择了错误的战略。他们愿意做出一切妥协。

这真让我不知所措。我这次访问的开始只是源于一个奇怪的电话。但是土耳其人很想让我在合同上签下名字,无论代价多大。他们就像在对我说:"你不可能离开这里,除非你签了合同。"我就像一个不戴枷锁的改造犯一样,这样虽可以接受,但是却谈不上很好。

很幸运的是,尽管我被辞了,马莱萨尼①顶替了我的位置,但我和帕尔马的合同救了我(至少让我没有说谎),我还有一年才可以完成合同。"我现在不能签署任何正式文件。让我回意大利,只需要几天我就可以把原来的合同取消,然后,我再回来。"这就是当时我对他们说的,然而我脑中闪现的却是"才不会呢"。我成功越狱了:从土耳其到艾米利亚·罗马加那②,单程。只剩下一件事情需要去做,通知他们的主席伊尔迪里姆,就对他说,我改变主意了。其实这对于我来说还是很不好意思的,所以我让我老婆打电话给他。对于我的逃走,挺脸红的。

然而,他还是没有放弃。他派遣了他的一个心腹"抓"我回去,他也买了一张单程票:从伊斯坦布尔到我家。那个可怕的中间人比尔基期乘坐出租车来到我位于斐乐加拉的家中,而我则马上跳进车里,飙回帕尔马。只有这样,我才可以避免和他谈话。我感觉自己像个夜贼似的。

我很疯狂吗?不,一点也不。因为——我马上将成为尤文图斯的新教练。你要问多新?实话告诉你,才两小时。要怪的话,你们就怪卢西亚诺·莫吉的电话吧,当然,这个电话应该没人窃听。在我去土耳其旅行前的一天,我接到了他的电话。"嘿,我是莫吉,明天我要见你。"

"明天不行,我要去伊斯坦布尔。"

"去那干吗?"

---

① 马莱萨尼,生于1954年6月5日,意大利足球教练。
② 艾米利亚·罗马加那,意大利北部一个行政区。

第 4 章 乐在土耳其 29

"那里的一个俱乐部想见我。"

"在你签署任何东西前，我需要和你谈一谈，记住了，一回来就给我打电话。"

我当时想，他只是想和我聊聊关于球员或者其他的一些琐事。当我成功逃离那支有些激进的土耳其球队的追逐之后，我和他第二天在都灵碰头了。你猜对了，又是一次秘密会面：我们的计划是在皮门特王子大酒店前相见，那里会有一辆车等我，然后我就跟着他离开，一直开到安东尼奥·基拉乌多①的家里。我坐在安东尼奥·基拉乌多的斜对面，旁边还有卢西亚诺·莫吉以及罗贝托·贝特加②。三巨头就活生生在我眼前。他们开门见山说道："我们想让你成为球队的下一任主教练。"

"什么时候开始？"

"我们知道你和帕尔马还有一年的合同，所以，下个赛季。"

"听着，你们不是有里皮吗？没有人比他更出色。"

"他在这里并不高兴，甚至感到厌倦。他决定了这是他在这里的最后一年。所以我们想到了你。"

当时我在想什么？我想他们一定是疯了，而且当你心绪不稳定的时候去否定一件事是很危险的。所以我跟他们开始详谈。经过几小时的交谈后，他们让我签了合同。我对三巨头的第一印象：可靠，每个人都有自己的才干，三个天才的执行官。他们用一张带有抬头的纸张手写出了合同的样本，白纸蓝字。一共23行，当然，不包括签名。以下是一部分内容：

———————————

① 安东尼奥·基拉乌多，生于1946年，意大利体育经理人，1994年7月至2006年5月在尤文图斯任职。
② 罗贝托·贝特加，意大利前足球运动员，与前两人并称为尤文管理层三巨头。

1.卡尔洛·安切洛蒂先生，将承担起主教练的职责，负责尤文图斯一线队的技战术管理和训练。起始于1999—2000赛季，结束于2001年6月30日。

2.对于这个职位，在1999—2000年度尤文图斯会付给卡尔洛·安切洛蒂税后18亿里拉（折合成150万美元）。2000—2001年度同样是税后18亿里拉。

3.卡尔洛·安切洛蒂先生给予尤文图斯2001—2002赛季的优先续约权，工资标准基于这个合同，涨到20亿里拉（约合160万美元）……

数字的收入已经列在上面了，看着漏了一个逗号和三个零，所以只是百万，而不是亿万。幸运的是，我的银行账户因为上述的收入而变得充实。三巨头在左边签名，我在右边签名。贝特加和我都用了黑色的笔，而莫吉和基拉乌多则是蓝色的。我将成为里皮的继任者，这在合同上写得清清楚楚。

我回到了家中，召集了家里人以及一些朋友，满是自豪。我挺起胸膛宣布了这件重要的事情："我将是下一任尤文图斯的主教练了。"他们都开始惊叫起来："你是不是疯了，开什么玩笑呢？"在那之后，我不得不把那份合同放在我随身的夹克口袋里。我接受了一份尤文图斯的邀请，有效期在下一年度就要开始，但是压根没有人相信我说的话。之后大家也都知道了，我比预期早一些走上了尤文图斯的教练席——1999年的2月份：里皮有一些问题，但这又是另外一回事了。

每当我同意去执教一支新的球队，这些决定总是伴随着一些喝彩，当然也有争吵。无论在哪种情况下，这都不是一件简单的事情。除了离开雷吉纳去帕尔马那一次，我不假思索地就决定了。在去雷吉纳之前，我在意大利国家队担任助理教练，师从马斯特罗·阿里戈·萨基。我放弃了国家队相对稳定的工作而选择了一个不确定的未来。至于我从帕尔马去尤文，则摆脱了土耳其人对我的紧追不舍。

然后米兰在2001年的11月找到了我，那会儿我正在躲避斯蒂芬诺·谭奇[①]的追求，他想让我重回帕尔马。所有的这些事都是自然而然发生在我身上的，我换俱乐部的速度比我想象中更快一些。谭奇和我在礼拜五会了面，并且还有了一个口头约定。我们同意礼拜一在帕尔马拉特的总部把所有的事情都落实到白纸黑字上。礼拜六的时候，我正悠然休息着。礼拜天在电视机前，我和我的朋友威廉姆·文奇观看了都灵和米兰的比赛。出乎意料的是，斯蒂芬诺·谭奇对着多门西亚[②]宣布从礼拜二起我将会成为他们的新教练。这是真人真事。我猜那天加利亚尼也在看电视，礼拜一我送儿子大卫去学校，之后克雷奇奥打我电话。

"对不起卡尔洛，你必须得等一会儿。谭奇先生正在开会，大概还需要等一个小时。"

"没问题，我先回家，我家离这就10分钟的路程。等他有空了，打我电话，我再过来。"

我在开车的时候，手机又响了。我以为是谭奇来电，不过却不是。

"嘿，是我，加利亚尼。小安，你最近好不好呀？你和帕尔马签署了合同没？"

"还没呢，不过也就差签字了。"

"先停下你这份合约，回家去，把门锁上，拉下百叶窗，等我。我正在来的路上，和艾蕾多·布拉伊达一起。你必须代替法蒂赫·特里姆执教米兰。"

---

① 斯蒂芬诺·谭奇，意大利商人，意大利帕尔玛拉特公司创始人。
② Domenica，一家意大利体育台，创办于1953年。

好吧，再一次相同的境地。回到家我做的第一件事就是把所有的电话给拔了。他们拿着合同来到我的面前，用了仅仅30秒就将我说服。我在餐桌上签署了文件。我将会待在米兰，从2001年11月6日到2004年的6月30日。这是一个爱情故事的开端，也是一个关于胜利和成功的故事的开始。继我作为一个球员在米兰内洛取得让人难以置信的成功后，这将是故事的第二章。而我签约米兰这件事让谭奇大发雷霆，当然，站在他的立场，也情有可原。

　　后来还有马德里的故事：关于我和佛罗伦迪诺·佩雷斯，卖个关子，不过我保证不会逃走，在之后的章节就会告诉你们所有。

第 5 章　这是一头神圣的猪，也是一头会执教的猪

我吃饭的时候，就像马儿一般，没有人在这个时候比我更幸福。当我拿到意大利的锦标、欧洲的锦标，然后又是世俱杯的时候，你把我带到小餐馆去（庆祝）就行了。然后你们统统往后站，看着我吃。不许有人靠近我。我不在乎那些副菜，吃饭的真正意义在于：一方水土养一方人。我深信拉古的心理学，并且还有一个可以获得诺贝尔奖的想法：伤害你的，不是那些肉肠，而是刀叉。

　　一晚在圣西罗，我坚持使用西多夫，而有些球迷就在体育场内表达他们的不满，一位先生喊得比其他人都响："猪头，回帕尔马继续吃你的意大利饺子吧。"

　　"闭嘴！"

　　他用意大利语在那里大叫，而我则用恰当的法语回敬。我不是为了西多夫而反击，只是我不能纵容有些人去侮辱一盘美味的意大利饺子。

　　这让我回忆起了我的童年。我生在一个农民家庭，我想起那些有关礼拜天晚饭的记忆。就只在那一天，家里才会做一种意大利饺子，那是一个神圣的时刻，连空气中都弥漫着庄严。我们很贫穷，但是却很有礼貌，过着无名小卒的生活。我的姐姐叫安吉拉，爸爸叫基色普，妈妈叫西西莉亚，外公叫埃米尼奥（我们叫他卡利诺），外婆的名字是玛利亚。全家都坐在桌子周围，桌上有热气腾腾的意大利饺子。从家庭到教堂，先是在教堂吃饭，然后就是礼拜天的晚饭。宾客们在各间屋子里。饺子，酒，还有猪肉，蓝色盘子里的是不用付钱的。猪肉吃得最多。因为在我的故乡，农场里一般吃得最多的就是猪肉。我们把小猪养大，精心照料它们一年，然后在冬天过到一半的时候，把它们屠宰了。之后，就让这些猪肉填饱我们的肚子。那真是很好吃的肉，我们一年365天，天天吃。而且，那会儿从没有人有过什么胆固醇偏高的现象。事实上，如果你问我，我会告诉你，一定是后来有人发明了这个词。我想说的是，当我想起一头猪的时候，那是一件很美妙的事情。猪，简直就是一种神圣的动物，好像印度的牛一般，或者，你也可以说，就好像兹拉坦·伊布拉希莫维奇之于国际米兰的球迷那样。

但是，尤文图斯的球迷可不那么想。我有一段记忆经常会时不时地出现在脑海里。那是我刚刚开始在尤文工作的时候，我正开车去办公室，开到克里米亚广场正中的时候，我看到了一座方尖石塔，它真的很漂亮很夺目。然而，真正引起我注意的是那一块涂鸦，有人在上面喷漆："一头猪是不能够执教的。"

"算你狠"，都灵话就是这样说的。这真是一个漂亮的开始。而在办公室里等待我的是所有足球流氓的头头。莫吉把他们全都召集起来，说："你们必须和安切洛蒂和平相处，明白？"

不，他们不明白。和他们解释任何事情都没有任何帮助，换句话说，你只是在浪费钱给他们请一个导师而已。

我曾经在20世纪80年代为罗马效力，死敌就是尤文。而当我为米兰比赛的时候，尤文又是主要竞争对手。我执教帕尔马时，又为了联赛冠军和尤文战斗到底。他们只会把我看成和想成敌人。故事就是这样，不会有任何的改变，永远不。他们只是一些失去方向的输家，一些坏苹果，虽然身边的人都很好——但那也没什么用。当我带米兰在都灵比赛的时候，有一次我向阿尔皮球场中臭名昭著的充满暴力的看台竖起了中指，这是他们应得的。他们缺乏想象力，翻来覆去总是那一句话：一头猪是不能执教一支球队的。这真的让我感到忍无可忍，因为，他们的话对于一头猪来说毫无尊敬可言。

因为一头猪，可以执教一支球队，确定无疑。一头猪还证明了，他可以获得胜利。无论那些流氓怎么说，也无论那些怀疑论者蔑视的眼光，例如，我在帕尔马的两个朋友，他们是尤文的死忠粉。当我们在老特拉福德打败尤文获得冠军杯的时候，我最先想到的就是他们两个人。感谢上帝，让舍瓦最后那个点球进了。后来我买了两根香肠，把它们包裹得漂漂亮亮，还亲自送给了他们俩，上面还有我手写的致辞：香肠给你们，冠军则给我。他们收到后大笑起来，并没有生我的气。谁让他们是最懂我的人呢。他们了解我的想法：我喜欢吃猪的头颈肉（原文中用了coppa一词，一语双关），这是家乡很美味的一道冷菜。只要有机会，我必吃无疑。但是在意大利语中，coppa还等同于冠军，我会去争取每一次可以赢球的机会。我和我的家人以及家乡的处世哲学一起做那些决定。猪肉和饺子：每当一件事情发生，无论它怎么样，你总会回到最初的原点。

要不是我母亲和父亲的辛勤工作，我将变得平凡无奇。从前，你必须有所牺牲：你在田地里用你的双手和农具工作，那时候可没有什么机械化设备，一天就好像没有尽头一样漫长。你只能寄希望于老天在来年有一个大丰收。没有立竿见影的东西，你必须很耐心，不能因为世道艰难就丧失信心。

他们在真正的田地中劳作，而我则在足球场中劳作。他们的时光因为丰收而达到顶峰，而我的赛季则瞄准了联赛冠军、意大利杯赛冠军或者其他任何一个冠军，比如，欧洲杯甚至世界杯。这个世界虽然有点七零八落，但是终归并没有太多的不同。我被两位极其出色的"教练"（指父母）培养成人。在那个时代，最能给家里带来收益的产品就是牛奶，但是在农场卖完所有的成品芝士之前，他们不会得到一分钱。他们可能需要为此等一年甚至一年半的时间。与此同时，在你等着收钱的时候，你必须很耐心，并确保有足够的资金去重新投入生产。我从他们身上学到了如何保持冷静的艺术。当我作为球员手部受伤的时候，耐心起了作用；而当我成为教练之后，冷静更是无数次地显示出了重要性。在处理某些情况的时候，它确保我总能够将每件事放在正确的轨道上而不出离愤怒——试想一下，我因为某个队员的态度、球迷和老板的不满或者一些媒体的嘲弄而压力山大，怎么办？我必须保持冷静，否则，我就完了。

当你接手一个团队的时候，你需要放下架子。我更喜欢和我的队员们谈话，而不是对他们大喊——当然，在一些比赛里，发生过大吼大叫。我感觉我就是这个团队的一分子，不高人一等，也不矮人一截。如果队员有什么问题，我欢迎他们提出来。如果队员有什么不满，也可以来向我要一个解释。尽管有时候，做一些决定是没有原因的：有时候很简单地就能在两个人中挑选队员，一个训练得很刻苦，而另一个则不然。可当你拥有两个几乎付出同样辛勤劳动并且水平相近的球员的时候，问题就不会那样明了了。这种时候，聪明的做法就是：闭上你的嘴。我并不是我的队伍的教父，而是他们的朋友，还是一个心理辅导师。我和我的队员们从没有恶语相向过，更多的是发出相同的笑声。

有一年和米兰在迪拜的冬训中，每个人都在大笑，除了一个人：马修·弗拉米尼。那天在土匪队长这个游戏中他被调戏了，那真是一个坏到不能再坏的恶作剧了。不过话说回来也很好玩。我会挑选一个人来充当笑料，这个人最好平时还特别神气——哦耶，弗拉米尼，我必须先和其他所有人一个一个解释清楚，这真的让我快崩溃了。首先，我对意大利球员用意大利语解释，然后用葡萄牙式的意大利语对巴西人说，最后，用叽里咕噜的话语配合着姿势对小贝说。每次的行动都是一样的。我担任故事的解说员，每个队员都扮演一个角色。这些角色有：大王、王后、骑师、助理骑师、皇家守卫、土匪，当然，还有那个土匪队长。

那天晚餐之后，加图索来到我的跟前，说："来吧，教练，让我们玩土匪队长的游戏。很开心的嘛，有些新来的队员还从来没有玩过呢。"

我扬起了一边的眉毛，带着一贯怀疑的表情："不，再也不玩那个游戏了。别再让我当土匪队长了。我好累，今晚不想玩这个。"

可是所有人都喊道："教练！教练！教练！"

这就是故事的开始，而他们的呼声就是一种信号。"好吧，不过真的，这是最后一次了。"我开始介绍游戏规则，其实只是为了弗拉米尼，因为他是那个从来没有玩过的人。每个人都有不同的任务，游戏中不会暂停，直到最后有人被选中做土匪队长，这就是欢声笑语的开端。

现在，是加图索开始喊道："今晚，老子当土匪队长。"

因扎吉一跃而起，连用餐的围巾也掉在地上，叫道："我的天哪，加图索，够了。你已经当过一回土匪队长了，这一次轮到我了。"

卡拉泽忽然插话："你们这两个小气鬼，就不能让新来的当一回？"

好吧，轮到我去调停了："小伙子们，现在先冷静下来。让我们新来的队员来扮演吧。"

卡拉泽说道："我选贝克汉姆。"

卡卡："小贝连意大利语也说不来，怎么能做土匪队长？"

又轮到我发话了："我同意让小贝当。"

每个人都转向弗拉米尼，他红着脸大声说："我——我——我想当土匪队长。"

他去做了土匪队长，实际上，他中了我们的圈套。

恶作剧开始了：我开始诉说故事概要。

"从前，在一个美丽的城堡里，有一个人……"

马尔蒂尼手中挥着叉子说："一个国王。"

"当然，国王结婚了，和……"

博列洛淡淡地说道："和王后。"

"每当国王或者王后想离开城堡的时候，他们总是乘着一辆由6匹宝马拉着的香车。而驾着马车的是……"

卡拉奇坐在凳子上，双手假装拉着缰绳，喊道："骑师。"

"但是骑师从来不独自驾马车，他边上还有他信任的……"

阿比亚蒂几乎边跳边说："助理骑师。"

我停顿了一秒钟，想到：这些队员可是想去赢得意大利冠军杯的人啊！我的天！

"所有人——包括国王、王后、骑师、助理骑师，不得不驾车经过一片危险的黑森林，所以他们必须由人护送，护送者就是……"

埃莫森、帕托、卡卡、迪达、小罗还有西多夫，全都跳着，挥动着餐刀，一致大叫："皇家护卫队。"

"因为埋伏在森林里的是……"

赞布罗塔、博内拉、安东尼尼还有扬库，将吃饭的纸巾蒙在头上："土匪。"

"这些土匪是听命于……"

一片安静，弗拉米尼慢慢地从他的椅子上站起来，怯声道："土匪头子。"

"不，马修，我们可不是那样玩的。你必须多拿出一点热情，说响亮一些，就像马尔蒂尼。"

我们重新来一次。"这些土匪是听命于……"

"土匪头子！"弗拉米尼这次说得响了一些。

马尔蒂尼听了之后说道："你还真的不会玩哎，必须大声叫起来！"

一如从前，事不过三。

"这些土匪是听命于……"

弗拉米尼涨红了脸，用尽全身力气喊道："土匪头子！！！"

这里有一个短暂的停顿。然后，每个人都站了起来，从小贝到舍瓦。接着是一声骇人的咆哮，整个球队，用整齐划一雷鸣般的声音叫道："就是那个傻子，被人卖了还帮人数钱的家伙。"之后是一片震耳欲聋之声。加图索笑晕了。弗拉米尼（一个很好的人，一个天才的团队球员）怒气冲冲地看着我，我可以读出他的表情：我去，一头猪果然不能当个好教练。

第 6 章　双重晃动

尼尔斯·利德霍尔姆[①]可以是一名教练，同时也可以是一名即兴的喜剧演员。他把两者分离的方式是：打造他的剧院，而地点就在更衣室。他是我的第一个精神导师和足球教师，或许也是我的第一个"土匪头子"。他是一个天才头领，拥有着一群真正的"土匪"——那就是我们。罗马，一个声名狼藉的地方。用罗马话说，就是恶棍之都。而看上去很搞笑的尼尔斯却是这儿的皇帝，一切由他统领。他从不高声讲话，但是，一样传授了我们许多有用的课程，尤其对于当时作为年轻球员的我来说。他让我学会了真正的足球技术。"带球"，于是我开始带球；"用你的右脚带球"，于是我用右脚练习；"用你的左脚带球"，于是我用左脚练习；"带球绕杆"，然后我就假装我是阿尔贝托·通巴；"用脚来一个假动作"，然后我就开始跌跌撞撞了；"双重晃动"，我就开始做动作，假装真的明白他的意思。实际上，我在脑海中狠狠思索以求解开那个让我痛苦的问题：天啊，他到底在说些什么？

他是一个非凡的家伙，能够让你笑破肚皮；与此同时，他内心深处的冷静及平和又会使你大吃一惊。我们害怕没有他的陪伴，这种奇怪的感觉在和米兰打客场比赛的时候达到了顶峰。从罗马这个终点站出发的火车在半夜启程，而这对于他来说，实在是太晚了。他情愿叫人10点

---

① 尼尔斯·利德霍尔姆，1942年开始职业足球生涯，1949年转会AC米兰，一直效力至1961年退役。他相继执教过7支意大利甲级联赛球队，并带领AC米兰和罗马足球俱乐部夺得过意甲冠军。

就开车送他到火车站外面，然后爬上一辆停在站台边的空车，踏实地坐着，然后睡觉。11点半的时候，有人会把汽车拖到火车后面，然后一起拉进主车站。而我们就等在那里，准备开始这次希望之旅。从情感上来说，我们总希望利德霍尔姆和我们在一起，绝不希望他被连接到错误的火车头。比方说，去阿姆斯特丹或者雷焦卡拉布里亚①。每次火车旅行都很逊。第二天早晨，我们会踉踉跄跄走出车厢，全身无力，满脸胡楂地出现在米兰。只有利德霍尔姆看起来是好好休息过的，谁让炸弹也叫不醒他呢。

"孩子们，今天早上感觉怎么样？"

"我们很好，教练。"

然后我们就去下榻的宾馆，玩牌又或者在房间里放一把火。

在毗邻圣西罗球场的布朗大酒店，有一次我们差点真的引起火灾。那是在1981年，国米对阵罗马的比赛之前。晚饭之后，还是三人组：我、罗贝托·普鲁佐②和布鲁诺·孔蒂③围躺在房间里。普鲁佐以一个大字形舒服地躺在床上，读着本体育杂志。突然，一个恶作剧的星星之火在孔蒂那大得惊人的脑袋中点燃了。实际上，星星之火可以燎原。天才孔蒂爬到了普鲁佐身边，点燃了他手中的杂志。普鲁佐看到突然蹿出的火苗，吓得都尿裤子了。他急忙把那本厚厚的杂志扔到了房间的另一头。而那杂志又正好掉在了离床很近的地毯上。于是，地毯马上烧了起来。那真是一场厉害的火灾：如果尼禄④在那儿，他一定会拉起他的小提琴。旅馆的工作人员跑上跑下寻找着灭火器。最后，他们终于把房间

---

① 雷焦卡拉布里亚，意大利西南部行政区，靠近西西里岛。
② 罗贝托·普鲁佐，意大利前足球运动员，曾效力罗马，司职前锋。
③ 布鲁诺·孔蒂，意大利足球运动员，曾经效力过罗马和热那亚足球俱乐部，司职中场。
④ 尼禄，罗马皇帝。关于他有两个传说：一是他看别人痛苦的时候喜欢弹乐器；二是他有一次为了抢劫罗马城中的富人而放火。

里的火灭了，尽管他们很不高兴。完事之后，所有人都来指责孔蒂。他不得不赔付旅馆所有的损失，但是，却从来没有再买一本那天的杂志给罗贝托。

感谢利德霍尔姆，因为他让我们有了一定的自由。不过有时候，与自由一起来的还有其他一些事情：有一次我们全队都进了医院。那次我们去客场打比赛，最后却受伤躺在医院的轮床上。按照行程表，我们将要去那不勒斯附近的阿佛力诺打一场意大利杯。行程表和往常一样：早上练习，在曲歌利亚吃午饭，然后出发。不幸的是，那天我们提早行动，因为我们的主教练有一个天才的想法。我们在佛拉米尼奥体育场下车，去观看同城死敌拉齐奥的比赛。"走吧，孩子们，让我们去瞧瞧……"他建议道。用罗马人的话就是"去他妈的"。实际上，我们却正在为不先给拉齐奥打招呼而买单。

我们没有打电话就出现在了看台上——可是，你让我怎么说——我们不可能在不知不觉的情况下溜到座位上。显眼的红黄队服是敌人最大的眼中钉。那些死忠的拉齐奥球迷看到了我们，并且向他们同城的表兄弟致以温暖的欢迎仪式——"妈的，你们这些大便"。整个体育场都开始瞪着我们，对着我们的看台大喊大叫。我们坐在那里，整整不舒服了80分钟。最后试着在比赛结束前悄悄地溜走。队伍的大巴就停在200码①之外。利德霍尔姆和罗马城的一些警察是朋友，他爬进了警车的后座。而我们，则需要靠自己想办法逃走。我们踮着脚走下看台，到了停车的地方，然而，整个拉齐奥俱乐部的球迷，都等在那里要和我们打招呼。他们真是太体贴了。我们开始走向大巴，然后，各种踢拽开始了。空气中弥漫着侮辱性的话语，我们加速奔跑，队伍也冲散了，可是脚却好像

---

① 1码等于3英尺，1英尺等于0.3048米，即1码等于0.9144米。

怎么也跑不快。这真是一次完完全全吃饱了的暴徒们的攻击，根本不是我们想象中那样有趣。每一件你可以想到的东西都在往我们的方向飞来，这也是第一次，我把老师交给我的东西放入实战。"右脚带球"，于是我往拉齐奥球迷屁股上狠狠踢一脚。"左脚带球"，然后我又狠狠踢了另外一个。"带球绕杆"，于是我成功绕开了几个阿飞。"用脚来一个假动作"，于是我从两个拉齐奥球迷间晃开了一条道路。"双重晃动"，于是我尽力让自己显得不是奄奄一息。我们在那个停车场有过非常危难的时光，然而最终，还是回到了队伍的大巴上。我们实在不应该不打招呼就来，然而更使我们感到害怕的是，利德霍尔姆还没有回来。人群从地上捡起石块，扔向我们的大巴，砸碎了车上的玻璃。队里有些人在这个时候受伤了，血也开始飙出。我们唯一能做的就是压低身子，躺在大巴的地板上；或者就是在座位间的走道上来回奔跑躲避。这真是地狱的一角。最后，利德霍尔姆不知从哪里冒了出来，由两名城市警察护送，看得出，他连发型也没有一丝散乱。

"怎么了，孩子们，大巴出了什么状况，你们怎么都躺在地板上？"

我们齐声用这样的方式回答他："去你的吧。"

他是一个名士，一个现象。每次重大的比赛之前，他都会指示埃内斯托·阿里锡克医生来更衣室给我们讲笑话。而那个下午我们自己就是个大笑话，所以，医生这一次并没有让我们笑出声来。罗马队却走进了拉齐奥队的球场……在救护室里，有那么多的针线，多到可以给整个球队重新缝制一套球衣了。

罗马队就是那个样子。我在队伍里的小名叫作宾博二世，嗯，就是我。有一天，我将会执教这支球队，一支我满怀感激的球队。自从来的第一天，它就让我愿意为之效劳。追溯到1979年，利德霍尔姆正从肖索马基奥回来，他和他的妻子在那里度假和做按摩。半路上他们在帕尔马停下来见了我，然后就把我带走了。转会费是12亿里拉（约合96万美元）。这就像那部叫《就是这个价》①的秀一样。从我到罗马的第一分钟，我就清晰地感觉到我是在一个特别的地方。所以你看，第一印象，很重要。

我乘火车从圣·本的托②来到罗马的火车站，跟随简单易懂的指示："搭一辆车站外面的出租车，告诉他，你要去马西莫圆环酒店，记者招待会在那儿举行。请注意：搭乘黄色的出租车，车门上写着TAXI，而且车顶上有车灯亮着的那种。千万不要乘吉卜赛出租，他们会收你额外的钱的。"好吧，我照着信里的指示，但是出租车司机却并不认识我。我们在罗马总部停下车，那儿有4000个边跳边唱的处于狂乱状态的球迷。实际上，1979年的转会期是很重要的：图卢内和本纳蒂刚刚加盟，而孔蒂也从租借归来，罗曼诺则用来加强防守。这是一种美妙的感觉，我觉得我是他们中的一员。我准备好了跨出出租车，问了司机要付多少钱。拿出了我的钱包，抽出一张一万里拉的钞票，递给了司机。从球迷堆里面，爆发出了一阵不满的叫声。当他们看到我在付钱给司机的时候开始喊道"去你妈的"，漫天的侮辱飞向那个无辜的司机。"一个拉齐奥粉丝""一个无耻的叛徒""一头猪，千万别拿他的钱""犹大，滚吧，罗马队是神圣之地"。长话短说，他们把出租车团团围住，拿司机做人质，然后开始把载我的车子前前后后剧烈摇动。于是我开始觉得晕船，这一定是天数——我的脑海里充满着无数司机的脸（意指那些球迷）。他吓坏了，"你快下去，只要你下去，我不收你钱了。快！"我的职业生涯才刚刚开始，而他们却已经开始给我提供免费出租车了。

---

① 一档猜价格的电视节目。
② 意大利中部靠东的一个海岸城市，全称是圣贝内代托·德尔特龙托。

只剩一个微小的细节：我还没有签署合同呢。在帕尔马，我一年挣1000万里拉（约合8000美元）；既然现在罗马要我，我决定问他们要1亿里拉（约合8万美元）。当时在布鲁尼科①的夏季训练营，我们已经工作有一些时候了。我直接就去和球队主席迪诺·维奥拉面谈，他是一个伟大的管理者和领导者，当然，他也是一个喜欢数钱的男人，"安切洛蒂，你想要多少？"

"一亿里拉一年，主席先生。"

"你一定疯了！"

然后，就是整整3个礼拜的沉寂。在常规赛开始之前的最后一个工作日，维奥拉主席亲自打电话给我："安切洛蒂，你想好要多少年薪了吗？"

"也许，我们可以谈一谈来解决问题……"所以我被他说服了：从税后1亿里拉降到了税前2400万里拉（约合2万美元），这和在帕尔马时的收入几乎差不多。商谈了多久？差不多29秒。会谈的结果真是灾难性的，就像我在意甲奥林匹克体育场的首演一样。对手是意大利冠军AC米兰。当时我过度紧张也过度兴奋，还有一种对自己的怀疑：我是否够格去登那个大场面？比赛的第一分钟，孔蒂一路奔袭并打中了门柱，而普鲁佐则抢下了头球。阿尔贝托西之后做出了一个伟大的扑救：球弹了过来，而我埋伏在禁区，它离我只有半米之遥。我实在不能相信我的好运气——我意甲的首演！我闭上眼睛，收腹，然后送出了一枚射向球网的洲际导弹，甚至我的脚都在射门之后疼得厉害。然而，阿尔贝托西倒地，用脸去挡住了那个球。我的天啊，他竟然用脸去挡我的大力金刚腿射门！进球只差最后那一点点，结果比分是0：0。我处于迷糊状态中，有一点点生气，而更多的则是发自内心的快乐，我身体的一部分甚至在庆贺。我终于了解也学会了，什么叫作双重晃动。我假装那个球进了。

---

① 布鲁尼科，意大利北部靠近阿尔卑斯山的一个行政区。

第 7 章　阿喀琉斯之“踵”

佩普不需要去假装任何事情。当时他真的就在生死之间，一次严重的心肌梗死——突发的心脏病攻击了这个男人。如果他挂了，故事就会变得简单：大家都会责怪布鲁诺·孔蒂。情况是那样的：孔蒂站在那里，把自己用厕纸卷了起来，如果需要的话，随时可以冲到下水道去，佩普负责管理球队仓库；因为一次闯入球场的"表现"之后，他被罗马队雇用了。那是一场罗马对阵国米的比赛，在最后一分钟，国米获得了一个点球，佩普激动到无法自已。他越过奥林匹克体育场的栅栏，像一个愤怒的男人那样狂喊。他向前冲，然而最后的结果却糟糕至极：5000名狂热的国米球迷"狠扁"了他一顿。球队的老板不想让他以后重蹈覆辙，所以怜悯地给了他一份仓库管理员的工作。他是一个矮小的男人，一个辛勤工作的人。有时还会发生莫名的痉挛：掐着喉咙以下的部分，假装干呕，继而达到高潮："顶拉齐奥的肺，顶拉齐奥的肺。"这真是一个杰作，谁还能为此说他什么呢？

有一晚在训练基地，我们决定对他来一个恶作剧。我、罗贝托·普鲁佐、罗贝托·斯佳纳查把孔蒂从头到脚用厕纸包裹着：因为个子不大，也没用多少厕纸。"柔软的，壮壮的，长长的布鲁诺·孔蒂"。他看起来就像一具木乃伊；我们甚至滴了几滴红药水以达到真实的类似血迹干涸的效果。在凌晨两点的时候，我们把他直直地放立在佩普的房门口，敲响了门，然后一阵风般逃走了。当那个可怜的男人打开门的时候，孔蒂发出了一阵恶魔般的咆哮："我是鬼呀！"佩普惊得大声喘气，摇摇晃晃地往后倒退，恶作剧完美地生效了。甚至完美得有点过头了，实际上，他的脸色马上变得煞白。嘴巴在动，但是喉咙里却发不出声音来，怔怔地站在那里。"佩普是我，布鲁诺。"也许，这才是他真的害怕的理由。不管怎么样，我们不得不叫队医过来。医生在他脸上快速扇了几巴掌之后，他醒了过来。

我很想跪下来认错以求得他的原谅，但是马上又推翻了这个想法："对啊，聪明的家伙，要是这样做以后再没有人会在背后支持你了。"阿喀琉斯①的弱点是脚踝，匹诺曹和塔索蒂②则拥有太过巨大的鼻子，而膝盖则是我不够强壮的地方。当我为罗马效力的时候，发生过两次严重的伤病，然后我发现膝盖是多么脆弱。我对于特定的时间没有很强烈的记忆，然而，1981年10月25日，将被永远铭记。那是一场对阵佛罗伦萨的比赛，佛兰斯西科·加萨格兰德，一个具有决定性的中卫，一个曾经代表卡利亚里打破过我鼻子的男人。这一次，又是他盯防我。当时我正试着去接一个界外球，胸部停球后，我做了一个不常做的动作。结果就扭到了膝盖，所有的队友都冲上来指责他："你这个混蛋。"而实际上呢，他没有做错任何一件事；电视重放如水晶般清晰，他碰都没有碰到我。

那一瞬间冲进脑袋的事情多到有点疯狂。第一个想到的就是佛兰塞斯克·洛佳③，他是我的偶像，也是来罗马后的第一个室友。在脑海中，我回顾了他漫长的恢复过程。那是一次严重的受伤，痛苦绵延不绝。对我来说，更重要的是，上次室友受伤，吃到室友妈妈做的意大利面。他受伤后的恢复期在俱乐部开展康复性训练，我因为送室友回家而再次吃到了位于罗曼诺家中室友妈妈做的意面。实话告诉你，我先想到

---

① 阿喀琉斯，古希腊神话中的英雄。
② 塔索蒂，意大利著名球星，曾经撞断过鼻梁。
③ 佛兰塞斯克·洛佳，意大利人，曾效力于罗马队。

的是那些意大利面，然后才是我的队友。（不过，生活中的事情就是有先有后，不是吗？）不管怎么说，我只是撕裂了我膝盖前半部分的韧带，而我的半月板看上去还不坏，所以我们决定去连接撕裂的部分，而不是做一个手术。我的腿被吊起了一个月，然后才可以重新上路。在和那不勒斯的一场比赛中，我坐在了替补席。第二天，在和青年队的训练中我正用外脚背传球，然后就听到了时针走动时发出的响亮的声音，那是从我的膝盖发出的。又来？时候到了，感谢上帝，现在，我算是彻底明白了。两次干脆的声音，膝盖彻底扭曲。我被送到了曲格利亚①。我躺在沙发上打电话给医生阿里锡克。"埃内斯托，有些事不对劲。我想我的半月板碎了。"

"不，我不觉得是那样。"

"请过来帮我看一看。"

"我正在路上。"

他帮我从头到脚检查了一遍，更加确信那不是半月板的问题。"看，那不可能是你的半月板。半月板是在这儿。"他边说边用手指轻轻地点了一下。我却疼得一跃而起，虽然痛恨去承认这件事。但即使现在往回看，我那会儿（的判断）还是百分百正确的。

后来我接受了手术，韧带连接是一次真正的地狱般的经历。现在，只要手术后两个月，加图索就开始跑步了；而那时术后两个月，我发誓每次我试着挪动都（困难得）像在海里一般。我戴着保护套躺在床上，脚呈45度牵引着，整整45天；之后的一个月，又戴上了可脱卸式保护套，每天早晨做理疗的时候就脱去。接着又是30天，其间我只能轻轻地把脚放在地面上。累积花费的时间有150天，一直无法动弹。无聊、怒气

---

① 曲格利亚，罗马的运动恢复中心。

以及刺骨的疼痛好像永远不会结束。与此同时洛佳退役了，因为有过步履蹒跚的经验，所以他就被指定照顾我。

实际上，卧床期间我还增长了一些体重——无法想象吧？反正每个人都了解我！所以佛兰塞斯克决定让我减肥。在夏季训练营，当队伍在练习和实战的时候，我则和他单独训练。每天早晨，他都要我称一下体重，可是我却从来没有减去一公斤。我不在乎，可是这让他变得疯狂，他不知道这是为什么。

"为什么你的体重就不降下来呢？小卡啊，难道我哪里做错了？"

"伙计，我也不知道为什么。我想一定是因为你哪里做错了。"

其实错不在他，都是球迷们的功劳。在布鲁尼科，不是每个球员都睡在宾馆的客房里。我们中的很多人都住在那种附带有厨房的套房里。球迷们会带给我们野生菌菇，当晚上很饿时，我们就会开始做意大利蘑菇宽面。如果这些蘑菇是有毒的，那么今天罗马也许只有一支球队存在。我们吃了非常非常多的意面。我终于在1982年的10月完全康复了，虽然圆得像个球，但是时机恰好。及时赶上了联赛的季前赛，而又跳过了整个世界杯。"他们是世界冠军，他们是世界冠军，他们是世界冠军。"而我只能稍后和米兰一起，成为一个冠军了。

我想恩佐·贝阿尔佐特本来会带我一起去西班牙的。我在1981年就代表意大利国家队和荷兰打了第一场国家队比赛，地点是在乌拉圭的蒙特维迪奥。在青年杯中，我在比赛开始后的6分钟就取得进球，甚至还赢得了由组织者颁发的一块金表。我的队友们，尤其那些老队员，用很智慧很哲学的角度去看待这个"傻人果真有傻福"。

比赛之后，我和马科·塔尔德利还有克拉迪奥·金泰尔①一起出去

---

① 克拉迪奥·金泰尔，意大利著名球星。

庆祝，然后又去吃了晚饭，当然回来晚了。回酒店的时候，我的第一想法就是："和他们两个在一起，所以不会有问题的。"可当我看到贝阿尔佐特在大厅门口等待我们的时候，我的第二想法是："蠢猪才信没问题。"

我就是那只蠢猪，国家队之旅也就结束了。我们从后门的入口进去，乘上电梯，重重地按下了我们所在的楼层：3层。电梯门敞开了，我们几乎安全到达了，如果不是因为这个小细节的话——主教练贝阿尔佐特正等在那里要和我们打招呼呢。他一个个地对我们说："塔尔德利，金泰尔，你们俩可以走了。但是安切洛蒂，我对你实在感到惊讶。"几个有力的字句之后他就消失了。我感觉很不好，脸色就像床单那样惨白。我吓呆了，没有说一句话。我就那样震惊地、呆呆地站在那里。我很想把我自己扔在他的脚下，跪着，祈求原谅。所有的这些情形都是我的罗马队友们所熟悉的。孔蒂，就在楼下对我大笑。这次你终于没有穿得和木乃伊一样！

第 8 章　一条狗，一个意大利冠军

罗马，一个充满愤怒的城市，我心灵的首都。对于米兰，我一无所知，而对于罗马，我了如指掌。在那我学会了如何生活，即使我对自己的记忆与那段最好时光之间的关系很奇怪：因为我记得的压根就不多。球场上有如生活中一样，真正忘不掉的只有失望，而我实在没有很多兴趣去讨论那些。1983年的意大利联赛奖杯是我的第一个冠军头衔，然而在我脑海中只留下了一些照片而已。实际上，根本没几个镜头。对于罗马队来说，这是40年来第一次夺冠。我本可以躺在那些功劳簿上，在一些地方，至今我仍有着皇帝般的礼遇。我们以前常常在皮尔路易基大饭店吃饭，在里基吃比萨，即使今天，我也可以在那里用餐而不用带钱夹。他们不会让我付钱的，那个冠军是永恒的。

　　在竞争白热化的那段期间，我们在主场和尤文打了一场比赛，他们是我们最大的联赛竞争对手，结果输了。麦克·普拉蒂尼在终场哨响的前几分钟传出了一个好球，布里奥头球破门。我们5分的领先优势缩小为3分，我承认我们开始尿裤子了，而布里奥则收到了他的"甜点"。一条警犬在通道内咬了他，球员发生这种事情的概率是极低的。那是非常紧张的一刻；人们大声地谈论着叫喊着，很自然地响起吵闹声，有些人带着愤怒：那条德国牧羊犬疯了。我们队不是很喜欢塞尔吉奥·布里奥，因为他在球场上太具有决定性了，而且，品行不是很好。胜利之后，他跳在空中又叫又笑。那条可怜的狗狗看到了一个巨大的食人魔正在那里庆祝而吓坏了。它直接冲向那个靶子然后在布里奥的屁股上来了一口。

那真是一件不同寻常的事情。我们让狗狗像冠军一样骑在我们的肩膀上。也许我的话不太合适，但是当我想到那个冠军的时候，那幅画面总是第一个跃入脑海。

从热那亚返回罗马时我们就开始庆祝了，因为在那我们打了一场决定性的比赛。阿皮亚大道给堵了个水泄不通，从机场一直到市中心。大巴艰难地在等待我们的人群中穿行，那真是无可比拟的。街上汽车的喇叭声组成了一支交响乐。这种情况持续了四五个月。我们给了整个城市一个不好好工作的绝佳理由。卡布奇诺，千层烘焙，胜利罗马。第一个晚上，我为了不让人认出来而戴上了围巾和帽子，架上一副深色眼镜。我骑着我的小摩托悄悄围着市区转了4个小时。罗马是个美丽的地方，并且在有些地方它真的很难被超越——因为这个城市对于太好的事情或太坏的事情都会做出很极端的反应。在这样一个地方，你很难去保持平和，不过这也是一种特色，不是吗？

罗马球迷相比其他球迷更具才华，他们有种超乎常人的幽默感。我喜欢听罗马人摆龙门阵，他们常常会说一些让人难以忘怀的俏皮话。有一次我为米兰效力时，我们去罗马打客场。奥林匹克体育场因为世界杯而在施工，所以我们去马尔米体育场进行热身。

人们可以进来观看，然后各种颜色各种形状的评论开始飞出。皮尔特罗·保罗·维尔迪斯带着他那标志性的小胡须从更衣室里出来。而这让人想起了比亚莱迪浓缩咖啡壶上印的那个矮小男人的样子。有一个罗马球迷大叫道："嘿，摩卡咖啡。"我觉得那是个很棒的玩笑。直到现在只要一见到维尔迪斯我就能闻到咖啡的香味。还有一回，在罗马和尤文比赛之前，布里奥从球员通道来到场上。是的，就是著名的塞尔吉奥·布里奥（高大威猛先生），不过这一回，德国牧羊犬并没有用牙齿咬着他的屁股不放。站在他身边的变成了鲁伊·巴罗斯。布里奥有6英尺①3英寸，而鲁伊·巴罗斯却只有5英尺4英寸。他俩在一起就像一道风景。突然，人群中一个现代诗人的声音开始作响："布里奥，你带着谁来了？你的打火机吗？"之后就是整整92分钟的嘲笑和倒彩。

我从来没有得到过一次倒彩，哪怕是我第二次受伤的时候。这是比第一次更严重的伤，而且轮到我的左膝盖了。1983年作为意大利冠军，我们在都灵和尤文打比赛。我正跃起争抢一个长传，卡布里尼在我身后，他把一只手放在我的肩膀上，轻轻地推了我一下，于是我失去了平衡。我落地的时候左膝盖不慎扭到。咔嚓！我天，又来咔嚓？没错，就是咔嚓。现在我的膝盖开始和我谈话，传来的信息并不好。又一次，我不能控制我的小腿，就好像第一次一样。我有一种不祥的感觉，（一切将会）从头至尾再来一遍。佩鲁吉亚医生再次操刀，和西里奥·穆萨一起做更多的理疗。6个月之后，我还是不能伸展我的腿。佩鲁吉亚发现了一些端倪："对此我感到抱歉，但是我们需要做另外一个小的手术，它叫作'麻痹操控'。"我不想听到那些，后背有些微微颤抖。医生，你应该为你妹做一个"麻痹操控"。

为了让我的心情坏到极点，在冠军杯决赛之后的第一天，他们就给我约了去诊所的访问。那场决赛，我们输给了利物浦。意味着什么？用实际点的话说，他们省下了麻醉药的费用，尽管我只是在看台上完成了比赛。我步履蹒跚着走进比安卡诊所，他们都假装很高兴看到我："回来啦，卡尔洛？看到你在这儿我们真高兴。"话说回来，他们见到我真的挺高兴，但是我却再次对他们说全都下地狱吧。他们把我的腿放在一个保护套中，完全伸展，然后扭向了另外一边。这让我疼得要发疯了。

---

① 英尺：是指英国及前殖民地和英联邦国家使用的长度单位。1英尺=0.3048米，1英尺=12英寸。

最后我终于好起来了。

与此同时，罗马队的队员保罗·吉奥瓦内利也受伤了。他是我的朋友。不过他伤了另一个地方：臀部后边韧带撕裂。他身上发生了相同的事情：6个月之后，他还是不能完全自由地移动那只脚。所以他听到了医生说的一番我早就知道了的话："我们将会做一个麻痹操控手术。"在那一刻，医生的耳朵一定开始响起不好听的声音。我开始问我自己一些问题："如果我的腿被直直地放进保护套是因为想让它完全自由地伸直，而他们想对吉奥瓦内利做的却是如何恢复他腿的弯曲能力？"好吧，简单点说，这使我震惊。他们把他的腿包裹了起来。他们给他打麻药，然后抱起他的腿，紧紧地包裹固定住，使之看起来就像一条巨大的香肠。我看着它，然后听到了我的胃因为饥饿而发出咕咕的声音。我第一个想法就是吃掉它，但是出于友情的考虑，我忍住了。他就像一只野生动物那样吼叫，所以我开始调戏他："嘿，你真是一个大宝贝，根本没有疼痛这回事。"

我没有开玩笑，疼痛确实不存在。这只是我的一个理论，但是它起作用了。膝盖是与我斗争的敌人，这个战争始于两年前并持续到今天。我想跑步，我的脑袋告诉我必须走，必须走，然后我的膝盖肿了起来，但是我不管它。这是膝盖它自己遭受痛苦，而不是我或者我的思维。膝盖并不想让我跑步，那儿没有半月板了，所以跑步时它承受的压力大很多，但是我拒绝放弃。我的膝盖在过去几年让我遭受了那么多的痛苦，这回该轮到它自己了。我要惩罚它，所以我经常在林间跑上跑下的，又或者在坚硬的路面上跑步或者骑脚踏车，越疼越开心。它肿得越厉害，我就跑得越厉害，就该那么对它。我经常和膝盖对话，并侮辱它。有几次我甚至接受了它的挑战而且拒绝和它对话。也许我是从精神病院出来的，但是如果我能从那里开始摆脱这一切，那么没问题，因为我的膝盖现在听我的话了。我已经能够想象报纸的头条——"卡尔洛战胜了那并不存在的疼痛",然后布里奥的采访却是："那我屁股上的疼痛到底是怎么回事？"

抛去玩笑之外,这的确是一种很好的心理锻炼。挑战和困难并不是拦路虎,你可以也必须超越它们。除了我的二次受伤之外,其间重要的事情就是埃里克森①在1985年6月取代了利德霍尔姆,坐在了指挥席上。他很年轻,来自瑞典,而且已经和哥德堡队一起赢得了联盟杯；他刚刚从葡萄牙来到意大利,那时他说的意大利语真是让人一句都听不懂,几乎就和现在一样。"3……3",一开始有些人以为他在说"3乘以3",所以他们回答："9吗？"然后我们才明白,原来他想说："3对3。"我们打了很多"3乘以3"的比赛,然后是"半场乘以半场"的训练。

埃里克森带来了一种全新的工作方式,他的备战一丝不苟、受人尊敬,并且很热情也很愿意去帮助那些球员们。每次早晨,当他来上班的时候,他都会和每个人握手,直到最后有人再也受不了了,比如普鲁佐。埃里克森会伸出他的手,普鲁佐也会伸手致意,说道："见到你真高兴……我是罗贝托。"

我却对此感到很适应,尽管在那段期间,我开始尝到了板凳的滋味。我从受伤中恢复了,但是他却没有让我打比赛；他信任斯蒂芬诺·德西德里和吉塞佩·吉亚尼尼——两个从青年队上来的小伙子。我觉得我被孤立了,我感觉他小看我了,或者他对我有成见。事实上完全不是那样,他之后重新把我放入首发,在第二年,他甚至让我当上队长。因为阿戈斯蒂诺·迪·巴特罗梅转会去了AC米兰,而孔蒂并不想承担那么多的责任。我——罗马的队长,我代表了这支球队以及3/4的罗马

---

① 埃里克森,瑞典人,足球运动员,现为著名教练。

城，承认吧，罗马城并没有那么多的拉齐奥球迷。

我忘了哪场比赛之前，就在我们走进更衣室的时候，突然间我们闻到一阵阵恶臭。我们中没有人经历过这种恶臭。一向言行得体的西西奥·格拉兹亚尼急忙冲到厕所想去看看到底是谁在那儿："我晕，你到底吃了什么？死老鼠吗？"门打开了，埃里克森红着脸出现了。"放松，伙计们。刚刚只是教练松了裤子。"和利德霍尔姆一样，他从来不发怒。他就是利德霍尔姆天然的继承者。他真的是一个很棒的教练。我和罗马队之间的关系变冷淡在一定程度上是因为他们在1987年的4月赶走了埃里克森。前一年，我们在一场关于冠军争夺的重要比赛中输给了莱切，尽管我们踢得很不赖。"11……乘以……11"，"11……打……11"。

第 9 章 "嗨，我是西尔沃，我想赢下一切"

罗马管理层让我对继续成为那支球队的一员感到恶心。我失去了对这支俱乐部的热情，在那儿踢球的激情也枯萎干涸了。各种奇怪的事情正在上演，最重要的是，罗马队刚刚购入了两名球员：莱昂内洛·曼佛雷多尼亚①和鲁迪·沃勒尔。他们透支了俱乐部的财政预算，这需要卖掉一名球员以达到平衡，而唯一炙手可热的球员就是我，一个跌入转会市场的烈士。

　　在1987年，米兰雇用了一个叫作阿里戈·萨基的年轻教练，或许有这样那样的原因，总之他很想把我放入队伍中。他愿意付出一切代价，甚至超过对路德·古力特和范·巴斯滕。我个人没问题，也希望这笔交易顺利完成，不过我必须保持冷静；在转会期的最后一天，交易被批准了。那天，我在撒丁岛的海边，罗马的常务秘书长罗贝托·伯格诺打电话给我说："你被卖走了。赶快回罗马来，我给你地址，然后你去见米兰的一位官员。"

　　他给我的地址在维拉波罗大酒店，位于古罗马市中心。我直接奔赴到那儿，进入大厅之后好奇心四起。前台没有说一句话，他只是交给我房间钥匙，奇怪的眼神一闪而过。直到到了那儿，我才知道原因。一切渐渐变得清晰起来。我走上楼，打开门，进入了一间很大的招待房。桌上留有一块很精致的布条，上面写着：请用香槟和小饼干。我没有动

---

① 莱昂内洛·曼佛雷多尼亚，意大利人，中卫，曾效力拉齐奥、尤文图斯、罗马。

酒，但是我吃完了整盘美味的饼干，只留下了包裹用的碎纸屑。突然AC米兰的一位官员不知从哪儿就出现在房间里，他看上去很年轻，活力四射。不过，他的脑袋上没有头发，一根也没有。我知道你们在想什么，当时我检查得很仔细。这就是阿德里亚诺·加利亚尼——俱乐部的总经理，也有人叫他"加利亚尼怪叔叔"。我回想起之前前台给我使的眼色，我把自己放在他的位置上，然后一下子就全都明了了。一个光头绅士点了香槟和小饼干去某某号房间，然后他看到宾博二世（我的绰号）还要了同一个房间的钥匙。现在我明白他的眼神了：他以为我们是恋人。

那是我第一次和加利亚尼会面。我们谈论了足球理念、米兰这支球队还有他希望达成的目标，"我们有巨大的野心"，那是我之前听过1000次的话。"我们想下一年就夺取联赛冠军，然后晋级欧冠，并在两年内赢得它，而在3年内夺得世俱杯。"好吧，那是我前所未闻的事情。我看了一下手表。这个人就好像在酒后胡言，不过时间还早，他不可能喝那么多吧。可能他只是疯了。一会儿之后，我发现自己在和西尔沃·贝卢斯科尼通电话。这是我们之间的第一次通话。"嘿，是我，对对，就是那个主席。"

"很高兴和您通话。"

"我也很高兴和你通话。你的膝盖怎么样了？"

他并没有拐弯抹角，而是第一个问题就直奔主旨。

"主席先生，我的膝盖很好。"

"好吧，我们可指望着你呢。我们想要赢得下一年的意大利冠军，两年后赢得欧冠，3年内赢得世俱杯。"

这是正式会面。难道每个人都喝醉了？他们在米兰的水里到底放了些什么东西？不过，他很风趣，笑话一个连着一个，和他谈话会让你备受鼓舞。"主席先生，那就先这样吧。"

"好的，卡尔洛。让我们预祝成功吧！不过，我们可不要任何关于你身体不舒适的消息哦。"

我伸出手指，摸了摸我的蛋蛋，确保没有被恶魔拿走。毫无疑问，身体健康是通过检查至关重要的一环。我和我的膝盖以及十字韧带开展了许多斗争。第二天，AC米兰的队医蒙蒂飞到了罗马。实际上，真正的身体检查是由佩鲁吉亚完成的，就是那个给我膝盖动手术的男人。不得不说，蒙蒂很担忧我的膝盖。尽管如此，米兰还是接受了我。

我从曲格里亚来到米兰内洛，这段旅程就像来到了一个不同的星球。就在我降落在内洛的第一天，我遇到了萨基，一个像疯子一样把我堵住的男人。很久之后，我才慢慢开始明白，萨基是一个天才，而不是疯子。实际上，他是一个绅士，一个精神导师，一个战术大师。我上他的第一堂训练课真是一种莫大的挑战。通常在休战期我会把时间花在体能的训练和恢复上。而那个夏天，我知道我将转会，所以我只是很放松地休息休息再休息。我回来的时候，身材走样，第一次和萨基的队伍做热身运动，简直就是一次可怕的经历。他的训练方法和以前都不一样。这样说吧，如果以前训练强度的标杆是20，那么在米兰内洛的强度是整整100。两者有天壤之别，那是一种巨大的让人精疲力竭的挑战。在一天结束后，我们都不敢去想如何爬上睡房的楼梯，简直不能面对这个问题。我们都是大男人了，但是，这会儿却开始哭泣。这是一次严酷的考验，我们只能像僵尸一样慢慢挪动。从饭堂到更衣室是一段短短的路程，却是那样漫长："我们需要去训练，但我们真没法去训练。"当然，最后我们还是得去训练。实际上，训练的节奏越来越快。问题是在第二堂训练课结束之后，时间还未到7点。然后是晚饭时间，晚饭之后，我们喝了杯咖啡。但是此刻教练还不准我们回房间睡觉，萨基又召集我们。不是技术探讨会，而是一个心理探讨会。有一个叫作布鲁诺·德米凯利斯的心理学家，还有一个叫作扎库里的人力资源部经理，他来自老贝旗下的费宁韦斯特集团。他们两人主持会议。德米凯利斯先说："给我在这块黑板上列出50个目标，从最重要的到最次要的。"第一件进入我脑海的事情是："好吧，这两个家伙疯了，而并不是我们。"我们决定和他们开开玩笑，所以开始写下目标：一条面包、一座房子、足球、一碗饺子（你可以猜猜是谁写的）、进球、体育场、美女、名车、一杯咖啡等，直到写满50条。德米凯利斯接着说道："现在，我会把黑板转过去，然后，再把它们一一根据顺序列出来。"他真的做到了，一条面包、一座房子、足球、一碗饺子、进球、体育场、美女、名车、一杯咖啡……他没有遗漏任何一项。"现在，我把这些词语全部反序写一遍：……一杯咖啡、名车、美女、体育场、进球、一碗饺子、足球、一座房子、一条面包。"我天，我们以为他比我们笨，事实上他却远远胜过我们。

"打断一下，教授。30号我们写的是什么？"

"一页纸。"

"那20号呢？"

"一支笔。"

"那47号呢？"

"沙发。"

这节课的启示：人的大脑可以做很了不起的事情。每天两堂训练课之后，我们会用一个半小时做记忆练习。然后我们又开始学习放松的技巧。我们学会了如何通过音乐和词汇去完完全全地放松自己。我们先学习理论课，然后又付诸实践。我们通常会选择*Chariots of Fire*（一部英国戏剧片）的主题曲开始听，把灯光调暗。德米凯利斯和扎库里会在音乐声中开始讲述方法：现在，放松你的身体，听听你的心跳。想象一下你正在球场上，成千上万的球迷在那里，比赛马上就要开始了，你可以闻到场内青草的味道。他们就像两个很在行的催眠家。直到今天，当我碰到很有压力的情形时，依然用这些办法。第一个倒下的总是佛兰塞斯克·扎诺切利。他不仅仅睡着了，简直是晕了。你甚至可以插一把叉子在他身上，他依然不会疼痛。在放松课的最后，总有一半人已经睡着了。

这就是AC米兰，一支计划赢得下赛季的意甲、第二年的欧冠、第三年世俱杯的队伍。米兰人会说：万事俱备。意思是：我们都准备得妥妥当当了。当他们再把光线调亮的时候，我们会直接扛起毫无知觉的扎诺切利，并把他带上楼抛到床上。当我刚开始训练的时候，我有185磅重（约合84公斤），而当训练营结束时我才171磅（约合78公斤）。训练营结束后，我回家去。我敲门之后，妈妈却怎么也认不出我来。我就好像一个陌生人在门口。"那些人对你做了什么，看看你，我的小安安，你简直皮包骨头了。"

从心理学上而言，我们已经变得坚强无比。这当中有部分的功劳是从如何学会忍受阿里戈·萨基而来的。他会在晚上阐述比赛计划，而这时你正昏昏欲睡。他会把计划写出来，并贴在你房间的门上。当他不得不向古力特以及范·巴斯滕解释比赛战略的时候，更显示出他的无价，因为这两个人都不会说意大利语。当时所有的数据都是用英语书写的，这也更增加了谈话的难度。

当我们第一次坐下来用英语开会的时候，是真真切切的折磨，每个人都忍不住大笑起来。为了尽量不笑出声来，我们都会假装清清喉咙。我和塔索蒂最先开始，然后每个人都开始了。"云里雾里然后勿理"，如果你非要我白纸黑字用意大利语写下来，那我感觉就是以上的几个词。不停有人提问，简直不可能去理解到底是什么意思。

在和帕尔马的友谊赛之前，这些事到达了顶峰。赛前技术准备会上：主啊，实在太糟了。他到底要说什么，我们到底要怎么做？我们走进了会议室，房子中间有根柱子，我们22个人就穿成一串躲在背后。如果我们不小心笑了，他怎么会知道到底谁在笑。在整个人类历史中，这大概是唯一有44条腿的柱子。在第六排的一双腿则太粗了所以不能完全藏起来。萨基实际上在用英语自言自语。我们实在忍不住了，所以开始调戏道："教练，你的英语烂透了。"

他是那个最棒最好同时最大声的，即使当他在睡觉的时候。他不做梦，但是他却会大喊大叫说梦话。他睡觉的时候，会发出恐怖的声音，就好像有人要割断他的喉咙一般。有时候还经常会说一些技术评论的话，即使当他只是休息一下的时候："插上，插上啊！"又或者"回防，回防！"

我的老天，这个家伙从来不会停止思考足球。这是他成功的秘密，或许也是他对我们来说是巨大噩梦的由来。

在他10点半左右跌入睡觉时的僵硬状态前，他会到每一个球员的房间转一圈。我们可以听到他逐渐逼近的脚步声，因为他喜欢穿着拖鞋拖着走。我们会马上关掉灯跳上床，把被单蒙在头上，假装我们正在睡觉。丹尼尔·马萨罗是最逊的那一个，他经常那么干。我们一开始想过也确实说过萨基的坏话，一直到我们达到了他希望的水平后才停止说坏话的。要不是他那种忘我的工作精神，我们也许不会取得那样的成就。一些技战术的养成不是天生的，而是经过非人的训练培养出来的。照着一张张战术图去演练，一场接着一场，那真是一种冷酷的战术训练。他总是告诉我："你喜欢跑，而且，你跑动范围很大，不过，我希望你能够做更多的事情，我想让你成为这支球队的乐队指挥。你需要学习音乐的旋律。我们正在上演一场交响乐，而你需要牢记每一个章节。"节奏和时间是由传球和停球组成的。传，停；传，停。我们练习了那么多次。有一回我加了一点点我自己的想法：把球停下，而没有及时传球。于是萨基就喊停了整个训练过程，然后让我从最开始再来一遍。我们两个人就那样花整整几个小时做那些最简单的事情，简单到连足球学校的学生都不会去做。我们可以试一下带球什么的吗？不，还是，停球，传球。最后，我终于很了解我正在做什么，名师出高徒啊。我学会了一系列的标准套路，当塔索蒂或者马尔蒂尼或者巴雷西又或者范·巴斯滕得球的时候，我非常清楚自己应该去哪里接应。当对手持球的时候，我也知道应该怎么做。在我28岁的时候，我转型成了一个中场发动机。萨基向我打开了一个新的世界。在压迫和整体之间，我真正体会到了比赛的乐趣。这不再是一项艰难的工作。有时候当主裁吹响哨声的时候，我们甚至感到不爽，因为我们想接着踢。我们是米兰，无法征服的米兰，只是在当时，我们还不知道而已。

第 10 章　萨基手下的米兰就像麦佛雷迪的博洛尼亚

如果说每天都是崭新的一天，那么当如血的旭日东升时也可能有风暴在形成，甚至不仅仅只是风暴，还可能是雷雨交加的海啸。而在海啸之后，总有那样一个俱乐部主席：他拨开云雾，乘着咔咔作响的直升机从天而降。（我想他会喜欢这一段的。）

　　然而现实的画卷是四骑士启示录①：我们很享受踢球的过程，但是结果却不尽如人意。对于那个付账的男人来说，这是再坏不过的事情了。当然，他也还有其他一些麻烦事，比如说每次直升机降落在米兰内洛时，空中气涡引起的摇晃。天气预报准确地报出了我们即将面临的混乱和变动，特别是当我们被西班牙人在联盟杯中淘汰之后。尽管，那只是整个赛季的开始。

　　不祥之云开始笼罩在米兰的板凳席上。还有其他什么办法吗？既然他选择了萨基，而此刻萨基也依然是他的首选——萨基就是他的化身，管理着我们这群凡人——那时他还很好地控制住了脾气。他非常信任这个亲手挑选的教练，时刻帮他反击，尤其在面对一些体育出版社攻击的时候。在他眼里，那些报社根本就不懂球。有一些老派的记者，比如说以吉亚尼·布雷拉为首的一群人，他们不停地无情质问和苛责萨基。萨基是一名先驱，而那些人却不能够理解他。对他所要做的事情，他们根本没有耐心。萨基就好像在十字架上，但是因为主席先生的关系，他就

---

① 四骑士启示录，启示录中传统意义上把它看作瘟疫、战争、饥荒和死亡。

有足够的力量去保卫自己。主席先生经常来到我们的训练营和我们交谈，并询问我们和教练的关系。他会花一整天时间在米兰内洛，和整个队伍讲话，然后又和队员们一一进行单独面谈。他第一次参选的时候，我们和他在一起，现在你们也都知道谁赢得了大选。"孩子们，我不会赶走萨基的。"关于这一点，他在最开始的时候就阐述得清晰明了了，而他也是正确的。我们还没有开始赢球，但是在更衣室里，却有一种坚定的信心：事情马上就会翻转过来。这当然是一道数学题。每个礼拜我们都努力训练到精疲力竭，但是依然快乐。坏运气总会结束。我们的比赛方式是经过仔细考量的，只是需要时间来让我们的移动变得更自然一些，这就是唯一的问题。

在过去，他总是出现在球队里。不过，那也仅仅是过去了。他负责所有的决定，一般在做这些决定之前，他会和队员进行交谈，通常是和我还有佛兰克·巴雷西。在1988年的春天，我们这支队伍遇到了一个真正的问题，那就是克拉迪奥·博尔基①——主席新近喜欢上的一名球员。老贝在1986年的洲际杯上发现了博尔基，他是那支球队的明星。即使那会儿仅有的两个外援名额已经被古力特和范·巴斯滕占用，老贝还是把他弄了过来。之后老贝把他安置在一个卫星俱乐部，并承诺：好好待在这儿，我会回来接你的。在那个赛季结束之后，我们可以引进一个外援，所以老贝很想把博尔基带过来，可是萨基却希望得到弗兰克·里杰卡尔德。

老贝说道："阿里戈，我想让博尔基待在队伍里。"

萨基面露不悦，回应道："主席先生，你的所有决定都是正确的，你是足球场上有史以来最懂球的老板，你总是有无可比拟的选择，这在

---

① 克拉迪奥·博尔基，阿根廷籍球员，活跃于阿根廷以及智利。

你选教练时就显露出来了。但是，我还是要说，这个球员对球队的帮助或许没有里杰卡尔德来得大。"

老贝又说："但是阿里戈，博尔基真的很厉害的。"

萨基："反正我已经说得很清楚了。"

所以他们先相互妥协：博尔基先来米兰内洛参加我们训练营的最后几节课，那是萨基在米兰的第一个赛季。然后还会在一些友谊赛中上场，一场是主场对阵皇家马德里，还有一场是在老特拉福德对阵曼联。这是两次考验，然而通过他踢球的方式我们知道他不会和我们全队真正融合的。博尔基在和皇马比赛前又弄伤了自己的脚踝，让这件事情变得更加复杂。不过他最终坚持上场了。很明显他在场上极不自在，不过好歹进了一个球。

老贝说道："看到了吗，阿里戈？他进球了。"

萨基："是的，但是除了进球之外呢？什么也没有。"

他全场飞奔，还弄伤了脚。他像球场上的"拉扎鲁斯"①，不过又有一些不同。也许进球让他在萨基眼里留下一线生机，但是他几乎不能行走了。在球场上很难看到他。在和曼联比赛之前，他的脚踝肿得像哈密瓜一样。曼联和米兰的比赛一直打得很接近，而博尔基可不想就这样投降。他说："我想上场打比赛。"萨基回应道："我支持你，上场去冲吧！"我们都明白萨基让他上场是因为他知道博尔基会灰头土脸的。开始比赛时博尔基的位置在我右边，他需要统管前场。尽管他穿着足球鞋，却只能像醉汉那样踉跄前进。不过很明显，命运之神很垂青他。两个进球都是由他取得的：先是第一球，接着，又是一球。博尔基啊博尔基，在曼城队和曼联队之后，黎明的曙光本已闪现了。可老贝只是笑了

---

① 拉扎鲁斯，圣经里的人物，耶稣的门徒和好友，被奇迹复活。

笑，没有说一句话，这不是一个好兆头。萨基也没有笑抑或说话，这更是一个坏兆头。在那个时候，我们都被牵扯进去了。萨基经常和我们谈话，用他最大的努力来证明博尔基和米兰并没有一点点共同性，他不属于这里。"教练，我们表示很赞同。这也是我们想的。我们站在你这一边。"

于是老贝亲自打电话给我们，并阐述道："博尔基是一个新的马拉多纳，是我发现了他。"

"主席先生，你说得太对了！我们觉得你真是太内行了！全部赞成你。"我们回应道。

我们在现实面前都变成了伪君子。我们也需要养家糊口。大家对于那个执教我们的男人很忠诚，而对于那个付我们工资的男人却稍微少了那么一点点的忠诚。我到现在还不明白，萨基是怎么样让老贝改变主意的。不过肯定有一些激烈的言语上的冲突。我唯一知道的是，在最后，老贝放弃了，博尔基被卖走了，取而代之的是里杰卡尔德。

米兰——"无法征服的米兰"，现在成了米兰——"荷兰军团"。首字母请大写，这是一种尊重。因为我们实在太厉害了。古力特—里杰卡尔德—范·巴斯滕，就好像三位一体，有着一样语调却长长的名字，读起来那样顺口，就是这样是不是太亲热了……老贝为"他自己"的想法而眉飞色舞。

里杰卡尔德没来之前，博尔基还在科莫俱乐部消磨时间的时候，我们就赢得了联赛冠军。在萨基的带领下，第一个赛季我们成为了意大利冠军。梦想成真，我们加速前进着，把我们的竞争对手甩了那么远。尤其是向麦佛雷迪的博洛尼亚①说再见了。理论上它是我们这支球队的模

---

① 麦佛雷迪的博洛尼亚：在当时被誉为踢法最超前、理念最先进的队伍。

板，也是我们追求的目标，但是说真的没人了解它。我们要做的就是当代的"博洛尼亚"，而不是赫雷拉的国际米兰。萨基就像一台坏了的录音机那样絮叨："现在，他们终于知道怎么踢球了。"

我们实在忍无可忍了，他几乎整天不停地用他特有的口音重复着："孩子们，你们必须尽全力地像他们一样踢球。麦佛雷迪的博洛尼亚是足球界最棒的。"一开始，范·巴斯滕总是有这样的反应："麦佛雷迪？他是谁？"范·巴斯滕成长于阿贾克斯，教练是约翰·克鲁伊夫。萨基给了巴雷西一盘吉安卢卡·西格诺里的录像带，希望他能够学习后者的移动，并成为他的翻版。另一方面，他又不知疲倦地跟我们谈论着"麦佛雷迪的博洛尼亚"，那真的是一个无法否认的不幸现实。为什么那么说？因为他成功地使我们无理由地去恨一支和我们没有关系的球队，一支有着传奇雷纳托·比利亚以及其他优秀球员的球队。萨基不停地撩拨着我们的神经，直到有一天，一切都有了一个了断。那是1987年12月26日，萨基安排了客场和博洛尼亚的友谊赛。踏上球场的那一刻，我们的眼中都充满了愤怒，尤其是我，因为那一天是圣斯蒂芬节礼日①。可是比赛就意味着我不得不错过一场大餐。我亲爱的博洛尼亚，还有麦佛雷迪，我将会用一整盘的绿豆和圆荚来招待你们的。在离开更衣室前，我们很清楚地向萨基表达了将会发生的事情："我们会让你看到，谁懂得如何去踢球，而谁不会。"

我们超越了他们，5∶0大胜，没有一丝丝同情。而那个最不喜欢依靠战术部署、最最依靠本能踢球的范·巴斯滕受伤了，在回米兰的大巴

---

① 圣斯蒂芬节礼日即西方的BOXING DAY，礼盒节，原来的名称是圣斯蒂芬日，圣斯蒂芬被异教徒拷打折磨之后用石头砸死，是基督教的第一位殉教者。圣斯蒂芬日是许多英联邦国家的法定节日。

上向萨基阴阳怪气地说道："教练，也许萨基的米兰比麦佛雷迪的博洛尼亚更强。"萨基非常高兴，即使范·巴斯滕错了。

一场友谊赛让我们增强了信心，而阿里戈则负责其他的部分。在他要求我们做什么之前，总是先和我们解释为什么要那么做。每件事都有一个理由，不是吗？我们做到了全场压迫，而我们的对手根本不知道如何应对。他们什么也不能理解。他们试着去踢出他们习惯的比赛，但是我们密不透风的防守让他们感到窒息。在一场和罗马的较量中，我们是完全不同的一方：我们不那么嘻嘻哈哈而是更冷酷无情。

第二场改变了我们生活的比赛是在圣保罗大球场对阵那不勒斯，1987—1988赛季的最后几场比赛之一。我们距离冠军还差1个积分，但我们知道对手之前发生了很大的变故。而这场"地震"以及德比战中对国米的胜利都让我们确信胜利的到来。甚至在踏上球场之前我们就知道，比赛之后我们会领先很多分，而我们的对手也很明白，他们会输掉这场比赛。

我们就像下山那样勇猛冲向冠军，而联赛奖杯就在山脚下等待着我们。迭戈·马拉多纳赛前强调："我在场上时不想看到任何一个红黑色的球员。"但是我们就在那儿，我们比所谓的旗帜和球迷更强大。那不勒斯2分，米兰3分。我们才是那支更厉害的队伍，我们才是意大利的冠军。我们，和主席。与此同时，范·巴斯滕拉住一名球场管理员，问道："不好意思，请问您有没有见到麦佛雷迪？"

第 11 章　阵型由我决定

萨基仔细研究了我的竞技成绩，尤其是30米之内的冲刺速度。不过他并没有告诉我，我到底有多慢。然而他还是尽可能地提升我的士气。让我们这样说吧：一盏水门汀的交通灯都有可能在一场跑步比赛中赢下我。如果是两个人？我想我会得第三名，还是远远落后的第三名。

　　我很慢，不过正因为这样，我们才获得了意甲冠军。我根本和路德·古力特是两种踢法的球员，这才是重点。他是一枚导弹，而我只是一只小龙虾。无论一条河豚鱼多努力，它的速度永远赶不上一条梭鱼。最开始萨基坚持我们应该踢4-3-3这个阵型。4个防守队员；3个中场，我在右侧（萨基批准的），波特拉奇在中间，而多纳多尼在左侧；再是3个攻击手，分别是维尔迪斯、范·巴斯滕和我身前的古力特。有一种打法是让我利用古力特的空当。情况应该是这样的：路德持球的时候，我应该以刘翔般的速度冲向前场，从对方身后切入，尽快地接上路德的传球。1次，2次，3次……100次，每次都发生了同样的事情：路德的球会传给空气，因为我的跑动速度不够快。当我到达接应位置时，球往往已经出了边线。萨基很恼怒："快点，卡尔洛。"

　　"快个头……小辫子比我快那么多，我的小摩托跟不上他的大奔。"

　　我们在前场，后场，边路，不停地试验这一招，直到萨基彻底放弃。"孩子们，让我们试一下4-4-2阵型。路德去充当一个射手，卡尔洛去做一个中场组织者。"简单说，这个阵型让我们赢得了意大利冠军。一切的开始，全都是因为我两条木头般笨重的腿。

人们觉得那支AC米兰是一支令人难以置信的充满天才的球队。好吧，这显然不是真的。因为队伍中还有罗贝托·科隆波这样的人。我们有一个出色的守门员加利，此外我们有3个天才的全能型球员：巴雷西、古力特和多纳多尼，而他们都很年轻。马尔蒂尼那会儿只是一个新人，一个有待发掘的对象。真正让我们那支队伍显得不同的是大家的团结作战以及相互之间那种很强的归属感和忠诚感。这是因为青年梯队的发展计划让很多年轻人都得到了成长。加利、科斯塔库塔、巴雷西、马尔蒂尼、埃瓦尼，他们都是一生的米兰球迷，也是一生的米兰人。他们在米兰内洛学习到了如何踢球，更学会了如何做人。

"无法征服的AC米兰"——一支俱乐部自己培养的球队，一支以高强度防守著称多年的球队。直到今天，我们依然可以津津乐道那种防守程度。塔索蒂—巴雷西—科斯塔库塔—马尔蒂尼是一条经典的防线。这是一个不停进化的传奇，一年又一年，一代又一代，一个象征到另一个象征。如果充满着巨大泡沫的市场允许的话，加图索和安布会带领下一段进程。

在过去的20年中，米兰之所以能够不停地取得胜利，是因为它保留了那份自创建以来的米兰精神。以意大利人为核心，这是队伍取得成功的基石之一：这些人可以领导其他队员，带领他们到另外一个层次。核心队员们有着高尚的行为，铁一般的纪律以及出色的个性。当然，有时候也会有其他国家的人成为核心队员。一般来说，总是5~6个意大利人，有他们在场是极其重要的。非常感谢他们让萨基创建的这种传统连绵不绝。它还会延续多久？说实话，我不知道。现在每件事都不一样了，每件事都变得更加具有挑战性。在过去的20年中，主席一直是同一个人，总经理一直是加利亚尼，教练的更换也没有那么频繁，印象中只有希尔瓦诺·拉马乔尼最近被换了。而在米兰内洛的厨师和服务员更是没有太多的改变。这就像一个家庭作坊生意。唯一巨大的改变只是老贝，他因为政治方面的义务而大大减少了对球队的直接关注。他的缺席很明显，不再像以往那样经常出现在米兰内洛。在我最后一个赛季，只有很少的几次关于某件事情的电话交谈而已。话说回来，一直以来，他都经常打电话来询问："小伙子们干得怎么样，我又会在场上去用什么阵型。"

在这要对外人澄清一件事：无论何时我都独自一个人决定球队的阵型。我想和你们每一个人都重申这一点。当然有时候贝卢斯科尼会问我为什么我选这个队员上场，而不是另外一个。我们甚至也会争吵，因为我并没有选择他所喜欢的那个队员。而这些队员，往往很有才华，你知道，老贝不喜欢把他们扔在板凳上。最近的一个是小罗，以前还有鲁伊·科斯塔。他非常喜欢范·巴斯滕和萨维切维奇，还有卡卡，即使当他决定出售卡卡的时候。

如果球队的主席需要你对你的决定做一个解释的时候，你有义务那么做。这是教练对老板的责任，不然谁给你付账单？贝卢斯科尼的处世哲学世人皆知，我们已经听过很多次了："我的队伍就是要有能力赢得意大利冠军、欧洲冠军、世界冠军。这支队伍还需要踢出漂亮的、令人激动的足球。它重视公平竞赛原则，富有牺牲精神，还有铁血的纪律。无论在哪场比赛中，它都需要成为球场的主人。"

这些信条，是当今球队的指导标准，更是一如既往的指导标准。一支可以赢球的队伍，一支让人赏心悦目的队伍。萨基是第一个成功的男人。在和萨基一起工作期间，我意识到了尊重一个裁判员决定的重要性，而这远在莫吉和吉拉乌多给我解释要尊重德桑蒂斯之前。1988年在圣西罗，我代表米兰对阵恩波利。我领到了赛季中的第3张黄牌，如果再来一张我就将被禁赛，而下一场比赛是去罗马踢，对阵我心爱的罗马队。我将第一次身穿其他队服回到罗马奥林匹克体育场。我并不想错过这次机会，所以绝对不可以在之前的比赛拿到第4张黄牌。我让希尔瓦诺·拉马乔尼陪着我去裁判员办公室见罗萨里奥·罗·贝罗，我认识他是因为有一回在球员委员会会议时，他过来和我打过招呼。和他一起的是他爸爸的助手尼克里尼。尼克里尼有一家养牛的农场，而那离我家很近。他们以前对我很友好，我常常为此感到庆幸。于是我就走上前去，对着贝罗直接说道："尼克里尼让我带来对先生您的关心。"尽管事实上我已经有好几个月没有见到过尼克里尼了。"今天，我非常希望能好好地踢一场比赛。但是，唯一让我感到担忧的事情就是，我处在了黄牌停赛的边缘。礼拜天我非常想在对罗马的比赛中上场，我真的很在乎，所以今天我一定会做一个乖乖仔的。"

"卡尔洛，那是你自己需要解决的问题。"

我从他的回答中明白了几件事情，最重要的就是我刚刚搞砸了。

"是完完全全搞砸了"，拉马乔尼善意地提醒我。

场上我们1∶0领先，范·巴斯滕进了一个球。最后1分钟我们有一个界外球，我走到边线却临时改变了主意，把球交给了塔索蒂。

黄牌！故意拖延时间！

我完全怒了。比赛之后我在通道内等着贝罗，狠狠地骂了他几句。最后的结局？禁赛2场，因为在他的报告中，他还提到了赛前的谈话。我们申诉了结果，最后处罚变为禁赛1场，可是无论如何，我都错过了罗马和米兰的比赛。那一天让我学会了一个道理：自己的事情自己去解决。尤其当你带着不好的念头去裁判更衣室拜访他们的时候，尤其是当裁判其实是一个叛徒的时候。

我们第一次遇到迪尔特·保利是在贝尔格莱德的马拉卡纳体育场。那次我们在欧冠中对阵红星队，而之前一年我们赢得了意甲冠军。直到今天，我依然恨保利。是的，我恨他，还有那个畜生——斯托贾科维奇。在圣西罗的主场比赛中，我们在整场比赛之后和他们战成平手。我在比赛中踢了他几回，他也给了我几个警告，我以为一切都应该留在场上。不过，显然他不那么想，他在球员通道内等着我，用他南斯拉夫味儿的英语说道："小样儿现在闹得欢，在我们主场我要把你拉清单。"

我用意大利语告诉他我实在等不及了，最好这两个礼拜快点过去。他说了奥地利语，又夹杂着匈牙利语，而我则用米兰方言回复。即便这样我们却也很好地理解了对方的意思。事实上他果然在那等我，还有12万急红了眼的球迷。紧张的气氛一触即发，几乎就到了崩溃的临界点，一场战争就将在巴尔干半岛打响，你可以很明显地感觉到。每个人，都可以感觉到。在斯托贾科维奇走上场之前，他来到我跟前，说道："待会儿上场等着瞧。"

"没问题，我就是为了这个才来的。"

比赛开始4分钟，我遇到了一个完美的情形：他带着球，我紧紧跟住，等待一个最好的时机。我尽我最大的努力去踢碎他的脚踝，事实上，我几乎做到了。然而这位裁判员，在他最后执法的一场冠军杯比赛中，给了我一张黄牌。于是我面临禁赛，接下来的比赛我将不能出场。很不幸的是，我们在明天还要和红星比下去。因为在比赛进行到50分钟左右的时候，一场大雾像巨大的毛毯般笼罩了贝尔格莱德，妖魔鬼怪暂停了比赛，而剩余的比赛将在24小时之后重新打响。我们在加时赛之后的点球大战中赢得胜利，可是之前在常规时间内范·巴斯滕打入过一球。无论如何范·巴斯滕会收到一笔银行转账，而我则必须接受一次罚款，由愤怒的男人萨基所签署的：5000万里拉（约合4万美元）。这真是我得到过最最昂贵的黄牌。保利和斯托贾科维奇都去下地狱吧。

尽管他们很"努力"，但是，我们还是最终赢得了欧冠。之后老贝也撤销了对我的罚款。我们在诺坎普4：0痛击布加勒斯特星。半决赛，我们打败了皇家马德里。在赛前的更衣室，贝卢斯科尼就预言道："我们将会大比分取胜。"而事实情况呢？米兰5分，皇马0分。他预知了未来。他也预知了萨基在几年中将会带给他的：1次意甲冠军，2次欧冠，2次洲际杯，2次欧洲超级杯，还有1次意大利超级杯。我们是意大利的主人，更是欧洲和世界的主人。

一切付出的努力都是值得的。

第 12 章　最后一场比赛的梅开二度

"卡尔洛，我将要离开去执教意大利国家队。我想带你一起去。"

"谢谢你，教练。不过，我想我这个年纪再去国家队踢球有点不切实际啊。"

一片寂静，随之而来的是一种深深的尴尬。那个赛季即将结束，萨基秘密告诉我，他很快就要走了。此外他还很清晰地告诉我，我作为一个足球运动员的职业生涯马上就要结束了，因为，那天他的原话是："你想去国家队当我的助理教练吗？"

阿里戈·萨基很早就知道，他在米兰内洛的时光即将结束（顺便说一句，当你的时代不在，越早意识到越好），他已经准备好了一次新的冒险：执教意大利国家队。在那他可以把他数以千计的战术以及阵型全融合在一起。他就是那么神奇。在那一天之前我一点也没意识到自己有可能成为一名教练。阿里戈的建议对我来说就像黑暗中的些许光明。我第一次想象到自己坐在教练席上的样子。不得不说，我喜欢这个想法。因此我马上意识到这是一个很好的机会。那是1991年，我32岁，膝盖有伤。我依然还可以踢下去，但是没有人知道还能持续多久。

萨基，戴着那副超大的太阳眼镜，比他的脸还要宽两倍的那种，头也不回地离开了。对我来说，这更像是一次被迫的分别。

萨基执教了我那么久，然后卡佩罗来了。说实话，我对卡佩罗并不来电。对我来说他的到来就是这样的开端：无情竞争，不受重用，弃置一旁。我坐在替补席上的时间越久，就越发想念之前的时光，那时踢球即使不那么能跑，我也一样有决定性。

生活中，你不可能喜欢每一个你遇到的人。法比奥·卡佩罗和我，从以前到现在一直有着不同的个性。有个问题，一个至今困扰着我的问题就是，作为教练，你很难做到绝对公平，你几乎不可能把两个人之间的职业关系和私人关系分离开来。如果一个球员总是被放在板凳或者观众席上，很自然地他就觉得教练并不同情他，两个人的关系会不好，这是不可避免的，而我和卡佩罗就是这样。

卡佩罗是第一个没有把我列为首发队员的教练，他觉得队伍里有一个非常有潜力的年轻人。一位叫作德米特里·阿尔贝蒂尼的小伙子得到了比我多得多的机会。11月当里杰卡尔德受伤的时候，我总算开始打上一些比赛，位置是中场。但是之后没多久我就觉得我被抓走了，像在大富翁的游戏里一样：从球场回到看台，连开始都不用按。有时候则在替补席稍作停留。整整4个月我都坐在那充当一个不停思索的旁观者。就像别人踢了你想踢的比赛，而你只能看着。你有了很多很多的时间去思考。实际上也就是在球场内，我坐在折叠椅上，当着许许多多观众的面说道：我不玩了。

萨基走后的第一个赛季，也注定是我在米兰的最后一个赛季。刚开始我很难去接受这样一个现实：我只是一个多余的人，偶尔扮演着吉祥物的角色。之后我想明白了：卡佩罗是一名很认真的教练，他非常强调纪律，也知道如何打造他的球队从而可以攻破对方。他最最强悍的一点就是阅读比赛的能力。从这一点来说，我必须向他脱帽致敬。但是从人性来说，那又是另外一回事了。他是一个爱发牢骚的人，不懂得怎么样去和队员们交谈。最重要的是他不屑和队员们讨论战术方面的话题。对他来说，要交换战术方面的意见简直就是天方夜谭，也从来没有发生过，也许这就是他和队员们有许多言语冲突的原因。我猜那也是为什么有次古力特把他吊在米兰内洛更衣室墙上的原因。在这，我必须再次脱帽致敬。不过在意大利语中，帽子叫作"卡佩佩罗"，而此刻卡佩罗就像一顶帽子那样挂在墙上摇摇晃晃——应该是命中注定的吧——他的脚离地面有几英尺（在那之前我只在罗马看到过类似的事情，利德霍尔姆因为一次争执而抓住图颅内和普鲁佐的脖子，并把他俩高高举起）。无论如何当时的事情是这样的。

卡佩罗读着报纸，突然说道："路德，你在这说的一些事情不是真的，你是个骗子。"

古力特并没有读报纸上的内容，直接吼道："老子现在就来收拾你。"

然后就动起手来。我敢说那会儿很多队员都支持古力特，当然最后我们还是介入并把他们分开了。

但是卡佩罗为了他自己的威望，会把这类事件从他的记忆中消除，就好像什么也没发生过。他重新开始，假装并不记得。当然，这对队伍有好处，也对他自己有好处。也就是从那时起，我开始喜欢上了卡佩罗。作为一个教练，我见过许许多多球员之间的激烈争吵，这很正常。通常，我只是在那远远地看着，直到他们吵完了，我才会介入。否则的话，我就等着他们自己解决。当克拉伦斯·西多夫刚刚加入米兰的时候，他和每个人都有矛盾，一个个地吵，没完没了，尤其是第一年。克拉伦斯很健谈，也喜欢谈论关于足球的一切。首先他作为这支球队的新人，这种口无遮拦的样子并不是特别受欢迎。他被看成是一个自吹自擂的人，好像什么都懂，还特喜欢告诉你如何踢得更好。卡拉泽和鲁伊·科斯塔一点也不喜欢他。在他来到米兰内洛仅仅几天之后，他就已经试着告诉鲁伊怎么样去争夺空间，怎么样去踢球。没有人接受他的领导，因为他只是个新来的。随着时间的流逝，有些事情得到了改变。因为实际上，克拉伦斯的确是一个"政委"，他还会在更衣室里开大会。

回到过去，我那会儿还是一名队员，但是已经在我最后一年的球员生涯里开始思考去当一名教练。从心理上来说，这对我的帮助很大。一方面，我即将告别这个魔幻的球员世界，而从另一方面来说，我的未来又已经有了轮廓。在那个赛季，我有很多时间去想明白，我到底要做什么。去充当萨基的助手这个想法令人激动。当卡佩罗再次把我送上看台的时候，我心里有个答案要送给他："好吧，你在这执教米兰，我去执教国家队。"尽管那件事还没有确定，不过我很愿意相信它会发生。

　　当我决定那是我作为球员最后一个赛季的时候，我并没有一点点迟疑。尽管卡佩罗试着改变我的初衷："你不能走啊，你得留下，再踢一年。"

　　不好意思，我也没有办法。萨基需要我。还有一个事实就是：与此同时，萨基作为国家队主教练的第一场比赛中（意大利对阵挪威，地点在热那亚）征召了我，理论上我是一名球员，实际上却花了大量的时间帮他训练那些中场队员。他想让我对我的未来有一个直观的感受，他想让我对下一份工作有更多的体会。

　　我作为球员的生涯即将步入尾声，我很明白也很放松。我只确定一件事：当你觉得是时候离开了，那就走，千万不要等到别人告诉你，否则一切都太晚了。我的职业生涯结束的时候，很完美，很积极。那是一场在圣西罗对阵维罗纳的比赛，而当时维罗纳的主教练利德霍尔姆是我的第一个导师。老师和我最后一次同场竞技，尽管是作为对手。不过那也只是说说的，我和他从来不曾相互为敌过。真的，我和他就像是连体婴儿那样。我们俩有着同样频率的心跳，同样的激情。就像一个镜子里的两个面，我们的内在绝大部分都是一模一样的。那也是为什么我在内心深处相信他也很享受我最后的表演。我们那会儿已经拿到了意甲冠军，而卡佩罗在我的要求下也让我在最后上场了20分钟。其他人看起来比我还要兴奋。我射入一球，然后又是一球。我第一次梅开二度，虽然是最后一场比赛。没关系，晚点总比没有强。一声长哨，队友们傻傻地站在那里。当我拿着球跑回中圈的时候，我看到巴雷西抽动了鼻子，那画面真的太搞笑了。

"佛兰基诺，我还不准备离开呢。"

"滚犊子。"

队长的话还是挺吓人的。那一晚整个体育场都属于我。老贝甚至在赛后宣称："我们将会给安切洛蒂下一年的合同。"

对，就安切洛蒂，独进2球的那个。

之后不久，许诺的合同就送到了我手中。可是我已经做出决定了。我有充足的时间去思考每件事，所以我很自信，确定退役是一个正确的时机。我当时并没有哭泣，我又有什么理由哭泣呢？

作为一名球员，我取得了一切可以取得的荣誉。作为一个男人，我有两个可爱的小家伙——卡地亚和戴维。作为一个未来的教练，我要做的就是沿着两位导师的路迹继续，利德霍尔姆和萨基是两个有着完全相反想法的人，两颗交相辉映的星星。遇到他们俩我感到非常荣幸。一个是那样平稳，一个又是那样激情。一个瑞典人，一个意大利人。一个喜欢在火车上睡觉，一个喜欢睡梦中大喊大叫。利德霍尔姆代表了皑皑的白雪，而萨基就是热情的海滩。我经历了冰火两重天，但是他们俩都教会了我如何去取得胜利。只要从前者身上吸收一些，再从后者身上吸收一些，或许最后从卡佩罗身上吸收一丁点的营养，我就将取得一切。那一刻，我并没有忧虑，有的只是对于未来的好奇。我结束了我的第一段生活，又马上开始了我的第二段旅程，甚至这期间都没有时间休息一下。我现在是我自己的老板了，主席请靠边站。更重要的是，如果我吃了2盘或者3盘饺子，再也没有人追在我屁股后面了。高佛雷多·玛梅力——意大利国歌的作词作曲者，从今往后是我新的偶像。"让我们加入这支军队，我们已经准备好了赴死。从今天起，意大利叫作阿里戈的意大利。"

第 13 章　世界杯之梦

巴黎——当我在这里和阿布会面的时候,我透过城市的天际线仿佛瞥见了伦敦;而当我和萨基在那里的时候眼中更多的是花草树木。在场上我是他的助理教练,在场下我只是一名旅行商人。两个身份互相更替,作为球员,我不停学习和分析,继而旅行全欧。我喜欢那种感觉。我学会了很多,在巴黎的时候,我甚至还懂了一点点拉丁文。那是一个清晨,我们在那间酒店的大厅(绝对不是乔治五世大酒店)消磨时间,因为飞机要晚一点起飞。萨基变得比平时更加疯狂:"卡尔洛,你有没有去看过罗浮宫?"

"哦,没有。他在医院吗?我没有听到任何关于他生病的消息啊。"

我只是想尽量显得风趣一些,不过他却决定带我去博物馆。"走吧卡尔洛,我们去罗浮宫,走吧走吧。"

"好吧好吧好吧。"

我们跳进了一辆出租车,我还在想着如何和蒙娜丽莎打招呼的时候,车已经到了。可惜罗浮宫并没有开门迎客,大门紧锁,不能进入。"阿里戈,你不会那么早就想去机场吧?"

"那我们就随便走走吧。"不幸的是,在罗浮宫边上的那个公园大到无边。里面的树木花草,延绵深远。

"卡尔洛,看,多美。我们就在公园里溜达溜达。"

我、他,还有巴黎这座城市,一起在这公园里散步闲逛。鸟儿们歌唱着。突然一个想法冲入脑中:千万不要让其他人看到我们!

"卡尔洛，一会儿我们就可以兜完了。"是的，一会儿，确切地说是240分钟，那是整整4个小时。一堂绝无仅有的植物课。很显然，萨基知道地球上每一种花和草的名字，他真的无所不知。"卡尔洛，这是单子山楂"，那个我当然知道，随处可见嘛。如果他直接告诉我那叫山楂树，或许更能提起我的兴趣。"太美了，阿里戈，真的太美了。"实际上我一点也不想搭理他，但是又不敢告诉他。每过3英尺他就要停一下，摇头晃脑地告诉我："难以置信啊，卡尔洛，还有野生的水仙花。"

好吧，我猜那的确有些难以置信。因为我根本不知道他在自言自语什么。

"这还有喇叭花，卡尔洛。"

忍住，要忍住。我错过了蒙娜丽莎，而你在这里跟我说什么喇叭花！就像那黑色大丽花吗？有些问题开始在我脑袋中出现。我努力思索着，到底是哪些问题。来了，就好比：为什么在这个破公园里，时针走得那么慢？

"哦看，这还有……和……还有……现在，让我告诉你一件事，这是……"

谢谢你阿里戈，真的，从我心底发出的感谢——我真的很想知道关于你说的那种花的每一点差别。

我快要失去理智，开始抱头大喊，就像那幅由爱德华·蒙奇①画的《呐喊》②，只是我的脸更胖一些。当我们走到灌木丛的时候，我举白旗了。对于这里的灌木我没有一点点不敬，但是我受够了。在结束了4个小时的漫步之后，我看了一眼手表："阿里戈，我的天，我们走吧。"

———————————

① 爱德华·蒙奇，1863—1944年，挪威著名的艺术家。
② 《呐喊》，创作于1893年，这幅画被认为是表现主义绘画的代表作品。

"哦，是哦，我们都快赶不上飞机了。"

果然是信萨基，得永生。

也就是在那时我开始用不同的眼光看待萨基。虽然还是有所敬畏，但是我们的关系变得更熟稔一些，更私人一些。我们的关系上了一个新的台阶。我感觉到一股对他崇高的爱。从专业角度而言，他依然力求他自己和一同工作的同事们做到最好。对我来说，那是最好的学习方式。我很喜欢。

皮耶特罗·卡米格纳尼[①]和我是他的助手和副驾驶：卡米格纳尼在比赛的时候坐在他的身边，而我则坐在看台上观看比赛并准备赛后报告。我那些悲催的报告写得无比详细，记录下场上的每一件事。如今这很简单，每件事都由电脑去完成。然而那会儿，这绝对是一件无聊又让人恼怒的工作。说它是一件让人恼怒的事情是因为我给人们留下的印象——当我的助手在记录那些细节的时候，我说话的声音总是会很响。内容如下：巴乔传球，阿尔贝蒂尼射门，牧西突破，巴乔接应，巴乔继而得分。话语平缓而又不绝，真的是那样，从比赛的开始到结束。有些人不够走运，他们坐在我们边上，最终都挪了位置。我们的确有些让人难以忍受，但这是出于实际需要。因为萨基希望这样。

总的来说，如果只是为意大利国家队写写比赛报告，那不是什么大问题。真正的问题是1994年在美国的世界杯，我负责提供对手的一些数据。头疼的问题就来了：一般只有在赛前两到三天，我才知道我们的对手是谁。一旦确定了对手，我需要观看他们过去3场比赛的录像并写出报告，而且我需要在一晚上的时间里就整理出来。虽然很苦，不过我从中学到了很多：我学会了如何专注于那些细节。这个工作一直持续到1/8决

---

① 皮耶特罗·卡米格纳尼，生于1945年4月22日，意大利职业足球教练。

赛意大利对阵尼日利亚。就像往常一样，我坐在看台上吵着我的邻居：奥利色传球，之后他又射门，阿姆尼克①拿到球，第60分钟尼日利亚依然1∶0领先。于是一些想法开始不停纠缠我：如何才能让意大利队在机场不被人注意？如何才能躲过那些熟透了的番茄的攻击？也许我们该坐船从兰佩多撒岛②偷偷溜回国内。或者从科莫③南边那走也不是个坏主意。到底该从南部还是北部溜回去呢？这真是个问题！我已经没有再做笔记了，不过显然，我忘记了一个人：罗伯特·巴乔。他射入了两个球，一个球是在加时赛中。于是，意大利领先了，更重要的是，我忘记了萨基。他一定会问："卡尔洛，我要的那些数据呢？"

"额……我只有到60分钟的笔记。"

"为什么！"

他真的不明白。

"好吧，我和你说，那时我正在想其他一些事情。"

那会儿并不止我一个人处于进退两难的困境。还有许多体育记者边咒骂边弯腰从桌子底下去捡回那些刚刚被他们揉成一个团当成垃圾的笔记。或多或少，和我差不多。录像带开始重放最后30分钟意大利对尼日利亚的比赛。

对于1994年的世界杯我有着美好的回忆，尽管那儿的天气有点不厚道。它热得让人冒烟，又很闷，每次晚饭之后我想做的就是赶快上床睡觉。但是每晚吃完晚饭后，萨基就会说："我们要不出去散个步？""不，什么都行，就是别散步了。"不过不用争，他总是最后的

① 阿姆尼克，尼日利亚球星，生于1970年12月25日，一位被伤病扼杀了的天才球员。
② 兰佩多撒岛，地中海中部佩拉杰群岛中的一座岛屿，行政上隶属于意大利阿格里真托省管辖。
③ 科莫，意大利著名风景区，位于阿尔卑斯山南麓的一个盆地中，距米兰市东北50公里。

赢家。这一次，至少再也不会有那么多的树和花，也没有人再说那些拉丁文了。

一群人走出旅馆，成员有我、萨基、卡米格纳尼、健身教练维岑左·品科里尼、心理治疗师维佳诺。我们走在广阔的美利坚土地上，有可能发生任何事情，活像4具僵尸在街上漫无目的地走着，而阿里戈绝对是那位永远充满好奇和精力的人。只有一次他有点犹豫不定，那是一年前足协把我们送去纽约为世界杯提前考察的时候。在布鲁克林，一个意大利裔的家庭举行了欢迎仪式，还有另外两个深感荣幸的来宾：萨基和我。我们受到了热情的款待，他们不停地说着三句话。

"请你们去把托托·斯基拉奇请来。"

"见到你们也很高兴。"

"他是我们的贵人。"

我禁不住在萨基耳边小声说道："阿里戈，趁着我们还可以离开的时候快走吧。"

然而就在同时他们又在萨基的另外一只耳朵边大喊："你们得去请斯基拉奇先生。"

谢谢，对于你们的所作所为，我们都快疯了。我只知道黑手党斯基拉奇家族活跃在那不勒斯。眼前这些匪徒都在现场。

"阿里戈，听我的，我们快走吧。"

"是的卡尔洛，你是对的。我们快走，这有点让人害怕。"

"快，阿里戈，趁着有人给我们一颗子弹之前。"

祝斯基拉奇和所有人晚安，也感谢你们善意的邀请。

"请把斯基拉奇先生请来。"

滚吧！够了就是够了。

在美国时我也有乐趣，尤其是在两场比赛之间。萨基从不停止谈论工作，从不停止去想怎么改进国家队和他的工作。他教会了我如何去成为一个教练：如何去计划一个项目，如何去安排训练时间，如何去利用不同的时段做事，以及怎样对付不同的队员。和他一起工作对我来说是一件再有趣不过的事情了。其间只有一件事我感到真的悲伤，那就是没有夺得大力神杯。不过说实话，我觉得我们已经做得非常棒了。当时那种热度和湿度是无法战胜的。我们走到了最后，还有一场决赛等待着我们。决赛前的那晚，在酒店里，从萨基和按摩师克拉迪奥·博扎帝的对话中，我们知道队员的身体状况几乎殆尽了。

"克拉迪奥，你有没有给这些队员按摩过？"

"有，阿里戈。"

"他们的肌肉情况怎么样？"

"肌肉情况？"

他们的肌肉已经完完全全疲劳了，就好像煮熟了一般。队员们只能靠着惯性勉强站住，或许还靠着一些奇迹。他们在百分百的湿度下比赛，中场休息时，返回更衣室的所有队员，尤其是尼克拉·贝尔蒂说道："把我换下场吧，我实在不想再回去比赛了。"他们的脸就像煮熟的大龙虾那般红。我们让他们泡在冰水中，试着让他们恢复几分神采。第一场比赛在纽约，意大利和爱尔兰，当我们到了体育场后，直接上了球场，因为实在是太热了，简直难以生存：108华氏度（约42℃），湿度90%。这些FIFA的"大才们"把比赛安排在了下午。为了鼓励队员们，卡米格纳尼和我躺在草地上，胡诌道："多美啊，至少今天是个好天气，不是吗？比平时要凉快一些。"那一刻所有的队员们都狠狠瞪着我们，以为我俩的脑袋被太阳烤熟了。在1994年世界杯之后，由于欧锦赛预选赛的关系，我又为萨基工作了一年。然后雷吉纳找到了我。

美国世界杯是梦幻般的——肯定比我自己作为球员参加的那两届

强。1986年我只是去了墨西哥一日游，而1990年的那一届又实在没有太多激动人心的地方。但是在美国，这是另外一回事，因为充满了幸福和快乐的回忆。这也是为什么我想作为一支非洲球队的主教练重新体验一次世界杯的原因。（因为我觉得带领意大利国家队还有的是时间）这支队伍不用太强大，但是充满潜力，而且它有着许多天才或者不服输的气质，或许是来自象牙海岸的那支球队。我和德罗巴——正有一个美丽的故事在酝酿着。

第 14 章　晃动的教练席

有时候我会站在一面大大的镜子前，假装自己是一名身体柔软的舞蹈师，转动头颈，凝视着自己的屁股，还有那肥肥的脸蛋。说实话，它不怎么上镜，不过，这不是我想要表达的重点。我看着它们就会想：全身上下有那么多的伤疤，即使有些你看不到。一个个布满全身，想着想着眼泪就掉了下来。就好比一次次地震，震源在我身上，那样强烈和具有破坏力，还伴随着阵阵余波。过去这些年教会了我一件事：我的屁股是地震最好的证明。坐在板凳席上，你不停地挪位和晃动，屁股必须能够经受住一定程度的冲击，有时候就像震后的位移抑或电击后的摇晃。一阵阵兴奋和恼怒从来不停歇：你会先挪动一点点，然后再多一点点，接着滑了下去。每个人都稳稳当当舒舒服服地坐在那里，只有我好像坐在火山口一般。一直就是那样。

　　我生活在被炒鱿鱼的恐惧中。当我离开萨基的意大利国家队后，来到了身处乙级的雷吉纳，成为了一名真正的主教练。仅仅3个月后，他们就准备把我踢走。人生处处都有第一次。在执教7个礼拜之后，我们处在积分榜的最后一名，3负4平，没有人比我们更差。我们就像一条满载着傻子的船，而我是船长。不仅仅这样，当时我还没有从足协那里取得执教一支球队应有的资格证书。我的助理教练吉奥吉奥只会看一本叫作《球员历史年鉴详述》的书。而我的体能教练则是一位退役了的铁饼运动员，名字叫作克林特·扎特。队伍中最知名的队员是法国人迪·康斯坦佐，人们笑称他为"穷人版马拉多纳"。当他罚点球的时候是个厉害的人物，可其他时候只是一个不起眼的小角色。我有一群可爱的同伴。我甚至被当地人们不停嘲讽，这种感觉就像是被自己的家庭抛弃了。我最会去责怪的是那场雷吉纳和科森扎的比赛。我们本来1：0领先，而且对方有2人被罚下，只有9人在场。我们打中了他们的门柱好几次，就好像在过圣诞节一样。我们真是太大方，太好心了，甚至互相推让到底谁去射门，这种事情真是前所未闻。

"求你了，你去射吧。"

"不，亲爱的，还是你吧。"

"我从没想过进球。不管怎么样今天是你生日，你应该进一个。"

这时候，迪·康斯坦佐出现了："我可以吗？"

他的队友们齐声反对："不行，你只知道怎么罚点球。"

就在比赛结束前几秒钟的最后一个回合，他们的守门员开出大脚，球落入我们的半场。3名队员同时在空中起跳，2人是我们的，格雷古奇和守门员巴尔罗塔。守门员已经是个老男人了，而对方阵中的卢卡雷利在那会儿却是年纪轻轻正当时。不幸的是有两名球员在空中相撞：我的后卫和守门员。卢卡雷利面对空门轻松射入一球。最后的比分1：1，伴随着各种飞进场的杂物。

为了冠军训练了整整一个礼拜之后，我们出去转悠了一下。记得当时我有两个选择：要么赢球，要么被扫地出门。我想教练席一定是用来跳舞的（即使不是，它也真的抖得很厉害）。决定性的一场比赛是雷吉纳对阵维亚琴查，对他们来说这也是一场决定性的比赛。很多人在赛前预测：今天是安切洛蒂的最后一天了。"对不起，你们错了。"比赛仅仅开始15分钟，我们就取得了3：0的领先。你们不仅仅是犯了一个小错误，而是一个天大的错误。在12月的时候我们竟然打到了第一名，在赛季结束的时候还顺利升到甲级联赛。从被鄙夷到欢呼：就在等待专家的时候，我已经取得了第一个意大利奇迹。

我们成功了，尽管冬季引援很不利。在场上我们打4-4-2阵型，中场是马佐拉和克鲁奇，他们看起来不太可靠，谁让他们嘴上没毛呢。所以我们决定做一些改变，而在前锋方面我们也需要一些改进。这时候常务经理达尔·岑宽慰我说："我们会一起做一番大事业的，我保证。"

一天，就在一场英格兰对阵意大利的比赛之后，我走进了我小小的办公室。等着我的是1986年意大利国家队的队友南多·德·拿波里。

"南多，见到你真是个惊喜。你最近好吗？"

"我很好，卡尔洛，你呢？"

"我干得不错，南多。你应该打我电话。我不知道你在附近。如果我知道的话我们可以一起吃个午饭了。"

"嗯，嗯，是哦。"

"好了好了，问你，你到这鸟不拉屎的地方来干吗？"

"我……我是你新的中场队员。"

我表面上开心大笑起来，其实心里在呜呜哭泣。我转过身去，背后站着的是迪·毛罗，他是个年轻人，至少曾经是，我猜。实际上很多年前他的确是个年轻的小家伙，那时我还在为罗马效力。我没有问他，他怎么会在这，因为我似乎隐约感觉到了。另外一名新队员，哦，我恨你达尔·岑先生。你真是做了两笔绝好的买卖。他们两个人都试训了一会儿，不过看得出来这对他们有点艰难。即使是乙级联赛，他们还是不能跟上步伐。两个人都在职业生涯的尾声，而且受过重伤。一天，我决定让他们上场，对手是罗西的佛吉亚。他们是一支跑起来飞快的队伍。1个小时内，他们在场上可以跑1000英里，即使做梦我们也追不上他们。德·拿波里和迪·毛罗是队伍中的两个大脑，但是谁都知道，思考是需要时间的。比赛中，这样的情形发生过太多次了：当我们的新援还在清理脑袋中的铁锈时，对手已经在场上清理我们了，3∶0。很高兴见到你们。第二天德·拿波里来到我的办公室跪着求我："请别再让我上场了。那些小伙子实在太疯狂了，他们跑起来那么快。你知道，我廉颇老矣。"

之后，马佐拉和克鲁奇一下子就变得"可靠"起来，他们一下子就好像"成熟"了起来。他们重新打上比赛，而且帮助球队升上甲级。

不过总的来说，那会儿的记忆是甜美快乐的。那是我作为教练的开端，我曾以为在第一年会有更多的问题需要我去解决。队员们无比出色，他们总是尽其所能地帮助我，从我来的第一天一直到走的那一天。还有球队的老板也一样。雷吉纳没有很多名人，但是却有很多非常好的人，比如格雷古奇、迪·毛罗、巴尔罗塔、马佐拉、斯穆谭科夫、帕奇、拉·斯帕达。谢谢你们。在短短12个月中，我已经体验了许多：害怕、嘘声、快乐，从积分榜底部到顶端，几乎被炒，然后又满血复活，糟糕的转会市场，甚至那个穷人版的马拉多纳。这是一次难以忘怀的富有意义的经历。它对我帮助很大，因为这是第一次，我觉得我应该感谢卡佩罗，那个粗暴的、从不让我上场的老男人。因为在同一时间，他拒绝去帕尔马担任主教练。当时他和帕尔马达成了协议，不过在最后一刻放弃了。于是，帕尔马就打电话给我了。这是一支在甲级联赛的队伍，那条从艾米利亚到罗马的大路横穿意大利北部，对我来说帕尔马是一个快乐之地：我就是从那里来的，在那里我成长为一名职业球员，还在他们的青年队效力过。我出生在雷吉吉奥罗①，但是成长于斐乐加拉②，所以帕尔马就是我的第二故乡。

---

① 雷吉吉奥罗，意大利的一个小镇，安切洛蒂是该镇土生土长的人。
② 斐乐加拉，斐乐加拉市，隶属雷吉奥·艾米利亚省，是离安切洛蒂家乡不远的一个镇。

我发觉我自己虽然在一个转会旋涡当中，但是无能为力，只能听天由命（没办法，有些事情就是那样）。我将会执教一群闻所未闻的队员：图拉姆、克雷斯波、基耶萨、贝隆、里瓦尔多、卡福。还有从大巴黎转会来的布拉沃、阿玛雷尔和泽玛利亚（也称为何塞马塞洛·费雷拉）。好吧，我只知道谁是里瓦尔多，其余的一概不知。更糟糕的是，他们想让我派一个孩子上场去做守门员，他连黄毛都还未褪呢。我以为他们在开玩笑，不过，他们可认真了。

"卡尔洛，看，他是一个很好的守门员，他可以阻挡任何射门。"

"好吧好吧，他叫什么名字？"

"GIGI，你可以叫他布冯。"

"额，谁是布冯？"

球队建设的蓝图是由索格利亚诺和卡瓦利乐·佩德兰内斯基决定的，而后者正是在我15岁时把我带到帕尔马的那位先生的儿子。当时，我接连被雷吉纳和摩德纳拒绝。对于那位先生，我始终充满感激，甚至我全家都对其充满感激。他是我众多心理导师中的第一个，也是我的大恩人。这也是为什么我从来不反对他们在转会方面事宜的原因。比如说，我们在最后时刻失去了贝隆（桑普多利亚要求他和基耶萨互换）、里瓦尔多（这小子太贪心，所以被斯特达取代，我在雷吉纳还执教过他），还有卡福（在最后一分钟他说不能离开帕尔梅拉斯，那是一家巴西俱乐部，而帕尔马拉特奶制品公司同时控股他们和我们）。

"好吧，我会尽我所能用这些队员的。"这句话的意思是，我们还有阿波罗尼和米诺帝这两位国家队的成员，还有卡纳瓦罗、守门员布奇以及左拉。不得不提的是科里帕，一个真正的男子汉。

我们的想法是争取联赛冠军，不过开局糟透了。我懂得并不是很多。我能看到的是基耶萨有巨大的潜力，但是他和左拉的关系很不好。

我不想放弃4-4-2阵型，所以我试着让吉安佛兰克去打左中场，虽然这不是他的位置。我当时还没有意识到图拉姆和卡纳瓦罗是一对有着超级未来的组合。回顾过去，有一些事的发生，过错绝对在我身上。之后左拉走了，阿玛雷尔也被卖了，买来了马里奥·斯坦尼奇。最后总算把每件事都安顿下来。在那一刻我手下的帕尔马的阵容应该是这样的：守门员布冯；4个后卫依次是泽玛利亚、图拉姆、卡纳瓦罗还有贝纳里沃；中场从右到左是斯坦尼奇、迪诺巴乔、森西尼还有斯特达；前锋是克雷斯波和基耶萨。如果是今天，我一定很轻松地就这样安排。可是当时，我并不能预知未来，他们都是无名小辈。多么厉害的一支球队，我知道现在你很容易发出这样的感叹。在最初的几个月，我们并不能好好地在一起工作，我们是积分榜最底部的5支球队之一。卡瓦利乐·谭奇（另外一个劳动模范）有了一个新想法："让我们赶走卡尔洛吧。"再次的地震，再次的电闪雷鸣，再次的无与伦比。事实上我应该是人类历史中第一个屁股上有神的印记[①]的男人。

---

① 印记，意思是烙印或文身记号，语出《加拉太书》6章17节。圣痕被认为是一种超自然现象。

第 15 章　安切洛蒂——缺乏想象力的男人

也许谭奇的想法是把我带到帕尔马拉特公司去，然后在我身上贴上一张漂亮的保质期标签，再把我按公斤卖掉。想想吧，要是他真的这么做了，我敢打赌他会赚不少呢。卡尔洛牌猪肉：打开后请尽快使用，最好一次性全部吃完。

圣诞节快到了。和亚特兰大的平局之后我收到了最后通牒。条件只有一个：不许输。仔细想想我实在不确定，不输就真的可以了？在冬歇期前，我们还有两场客场比赛，分别在维亚琴查以及在圣西罗对阵萨基的米兰。第一场比赛不错，贝纳里沃用一脚禁区外的巧射拯救了我。这个进球的意义不仅仅在于它是周日比赛的一球，更是我们过去整个礼拜的全部进球。事情不算最坏，但是根据谭奇的要求我们必须做得更好。那些日子里，他不是那么喜欢我们这些人，不过这并不能取消在他家里举行的圣诞晚宴，几天之后我们将去客场打米兰。我们相互交换了礼物，球员们给了我一个拉杆箱。我们的确是请来的客人，不过主人也许更想无视我们。

"节日快乐，卡瓦利乐先生。"

"同乐同乐。你知道我们的队伍踢得很差吗？"

我难道还能说我的队伍踢得很好？

"卡尔洛，你要知道，如果不能赢下和米兰的比赛，那么你就得滚蛋。"

"好的，主席先生，不过还是先祝你圣诞快乐。"

之后我就没有了胃口，那或许是这一生中绝无仅有的一次。在米兰的主场击败他们？不可能，怎么都不可能。人们纷纷开始谈论，甚至连谭奇最亲近的谋士也想方设法去改变他的想法。

"主席先生，我们可是要去圣西罗比赛啊。一场平局还不够开心吗？"

"我们必须胜利，我们也一定会胜利。"

除非我误听了，在以前我也听到过类似的话。在晚宴结束的时候，他开始改变想法，只要在米兰拿到一分就可以了。那天他并没有喝很多酒，只是一点点牛奶而已。

我感觉很糟，一点也不乐观。不过在比赛前的那个夜晚，我决定要采取主动。我让整个队伍都来到我的房间，打开香槟然后干了起来，"为了我们——互相道别"，所有人都觉得在一起工作的日子很愉快。虽然很短暂，但是记忆深刻。一个告别庆祝，一个悲伤的时刻。尽管我感觉世界末日来临了，可是生活还要继续。结果呢？我们胜利了，在圣西罗1∶0击败了米兰，就在冬歇期结束前的那个晚上。我一直怀疑这是萨基给我的圣诞礼物，也许在他看来如果我被炒了，他也会很没面子。冬歇期之后，我们又1∶0击败了尤文图斯。在那个赛季中，我们赢了对手11次1∶0，整整11次！因为我们有一个不为人知的守门员布冯，两个普普通通的中后卫图拉姆和卡纳瓦罗，还有一个不让人印象深刻的射手克雷斯波。

时光轮回，我再次得到了上帝的礼物。就像在雷吉纳那会儿一样，帕尔马现在变成了联赛的领头羊。从最后几名到第一名，以火箭般的速度。但我们让联赛奖杯从手中溜走了。在主场对阵米兰的比赛中，双方只打成了1∶1。更重要的是在都灵和尤文的对抗中，我们曾经一度1∶0领先，然后科里纳吹罚了一个堪称丑闻的点球。我真为他感到脸红。卡纳瓦罗和维耶里因此而产生了巨大的分歧，甚至扭打在一起：点球从来没有公正可言。这是一个裁判"发明"的点球。他一定产生了错觉才看到我们的犯规。当科里纳往回走向中线的时候，我对他大喊："干得好，干得好，干得太好了！"我又重复了一遍我的话语："干得好，干得好，干得太好了！"然后他掉头转向我，我站了起来，红牌！我不敢相信他的所作所为。"你知道你在干什么吗？"

"把你驱逐出场。"

我知道他想把我赶下场，问题是我想知道这背后真正的原因。我第一次抗议就被罚下场，我真怀疑其他那么多的教练会不会和我一样享受这种特别的"荣幸"。

比赛之后，我去找到科里纳。我问他为什么把我赶下场。那么多球队的主席没有把我踢走，就你这个光头聪明？能干？

"好吧，我把你罚下场，是因为我读到了你的唇语。你在骂我死狗。"

"你错了！虽然我心里是那么想的，但是我嘴上没有说出来。"

我猜他的确是个聪明的家伙，可以阅读我的想法。不过从另一方面来说，当情况不太好的时候，我也会试着去解读队员们的想法，从他们那里寻求帮助。世事有时就像剧本一样，和亚特兰大打平比赛之前，我把整个队伍都召集起来，这是一个紧急会议，因为有些事情我们必须说清楚。我开门见山："看，如果有些事情不能让我们彼此之间更好，那么我必须开诚布公地和你们交流。假设我们不能和谐相处，那么对我来说就没有意义继续待在这里。又假设这次会议告诉我，我们不能真诚地沟通，那么我就自己去和主席先生告别，让他给你们找另外一个教练。所以请你们，真真心心地和我说，到底哪里不对。"我不得不承认，他们很诚实。第一个发言的是阿雷桑德罗·梅尔利，他是一个开明且不虚伪的小伙子："我希望他们炒了你，这样我就可以多踢一些球了。"我很感谢他们，每个人都把自己心里的想法说了出来。他做了正确的事情，而且也帮助了我去了解更衣室里的气氛。大体上来说，这支队伍想更紧密地联系在一起，像一个真正的团队那样。他们也同意了我想让他们做的。我有一种强烈的预感，每件事都会很快得到解决，我们就将走上正轨，而事实也的确如此。我们最后取得了亚军，这意味着我们将晋级欧冠联赛的正赛。我们一起工作的第一年，这是一个不坏的结果。

第二年却没有那么顺利。我们努力地想去加强队伍，但是最后却南辕北辙。在冠军杯小组赛的第一轮，我们去恩尼奥·塔尔蒂尼体育场对阵博鲁西亚·多特蒙德，他们的主教练是内维奥·斯卡拉①。就在那场比赛中，克雷斯波改变了整个城市的观点：他射门得分，然后把手放在耳朵旁做聆听状。我想他是第一个用这个动作庆祝的队员。"哦，天啊，他聋了吗？"

我向各位保证："不，他只是发泄不爽而已。"

"现在，你！们！终！于！满！意！了！吧！再嘲笑我啊。"他正做着一个再正确不过的庆祝动作。因为作为球员，他刚来到球队的时候并不受到爱戴，会被喝倒彩，甚至嘘声。球迷们不是很喜欢他，虽然他是个天才，一个很严谨的年轻人，可是人们就是不那么喜欢他。在那个进球之前充满着对他的不屑。

回忆和博鲁西亚的比赛时，每个人都要求我把他换下去。比赛开始后不久，坐在教练席右侧的人们就开始大喊："把他换下去，把他换下去，把他换下去……"哼，我才不理你们，继续把他放在场上。然后他射门得分，我们赢得胜利，之后我去新闻发布会："我想对帕尔马的球迷们说一件事情，我不会——绝对不会——把一个正在受到嘘声的队员

---

① 内维奥·斯卡拉，生于1947年11月22日，意大利足球教练和前球员，20世纪90年代时是著名的帕尔马主教练。

换下场。"嘘声和倒彩我也收到过，可是没人把我换下场啊。

我在帕尔马的时候，被人们批评得太多了，尤其是第二年和最后一年的时候。每个人都有他的观点，他们有一些鄙视我的味道。帕尔马就和雷吉纳一样，从历史上看是一个以农业为主的城镇，随着时间的变迁，成了一个工业重镇。这也让它失去了那种我最喜爱的特质。在输给马来萨尼的佛罗伦萨之后，那个期盼着胜利的男人谭奇，雇用了他来当帕尔马下一任的教练。但是佛罗伦萨当时并不同意，所以谭奇付了好多赔偿金才如愿以偿。

谭奇并不待见我，尤其当我阻止签下罗伯特·巴乔的时候，我想他们永远不会原谅我。在帕尔马第一个赛季结束之后，巴乔已经和俱乐部达成一致，不过他想要一个担当主力的保证，甚至在场上位置都有要求：射手身后活动。可是这个角色并不存在于我的4-4-2阵型中。我不想改变我的阵型，并且老老实实告诉了他。我刚刚率领球队进入了欧冠的正赛，还没有意愿去改变旧有的球员们的体系。然后我打电话给罗伯特："如果你来我会很高兴，不过你知道我不能保证你的首发位置。你需要和克雷斯波还有基耶萨竞争主力位置。"那会儿我很强硬，不过我并不想引起争吵或者任何问题。他并不同意，我甚至可以想象，他的马尾辫高高升起来对我抗议。他的回答很清楚："我想继续踢球，我需要球在我脚下。"所以之后，他从米兰转会去了博洛尼亚。

现在已经过去那么多年，我有一些后悔。我应该多一些变通才是。随着过去的经历，我学会了一件事：总有办法让一个充满天赋的伟大球员去融入一个队伍。在帕尔马，我当时以为4-4-2是一个完美的阵型，无论对手是谁。可事实上我错了。如果我有一个时间机器，我想调回去，然后接受巴乔。我会把那件事情处理得更加妥当。过去发生的那些事情，给我制造了很多问题。我被标签为：一个拒绝攻击型中场的教练。但是这种评论是不完全公正的。尽管在一年之前，我也处理了左拉。安切洛蒂，一个缺乏想象力的人。你们可以给他任何一个人，但是千万不能是10号队员。实际上我真正的问题是害怕走进一个我不熟悉的领域，比如说，一个我不熟悉的阵型。我只是缺少勇气，但是在之后的岁月里，我慢慢找到了这种勇气。我发现了勇气的源泉，一部分原因是我去了尤文图斯，而在那里，你知道，没有人可以把齐达内放在替补席上。

第 16 章　两个对齐达内着魔的男人——
蒙特罗和律师先生

尤文图斯的更衣室给人的感觉更像是一个法庭，在那有着大把的"律师"，随时随地准备为齐达内辩护，这就是他们给我的第一印象。每当我回想都灵的时光，齐达内总是第一个进入脑海。无论发生什么，这名梦幻般的球员永远是无辜的。他有两名贵得难以置信的律师，总是激烈地为他展开辩护，名字分别是：吉安尼·阿涅利①和保罗·蒙特罗。阿涅利，就是那位著名的牛油果先生，他是一名很厉害的全国皆知的律师，而蒙特罗则是一位没有证书的律师，不过也已经准备好了迎接一切战斗。一对奇怪的组合，紧密地团结在齐达内的周围。齐达内，一颗从天而降的炙热星星，一幅墙上滑落的巨幅海报。欢迎来到人间，足球的上帝。

　　他俩就像他的影子，他的守护天使，形影不离。阿涅利对齐达内非常非常着迷，而蒙特罗相比就是一般着迷了。当他们看着齐达内的时候，就好像看到了一束通透纯净的阳光，一只永远绿色的交通灯，一条非凡绝尘的道路——齐达内当然是非凡绝尘的。只是对我们来说，他经常迟到的话就太糟糕了。

　　有一天，那是我执教尤文的第一年（1999年），我们计划启程去打客场比赛，可是齐达内还没有赶到。他就像人间蒸发了一样，打他的电话也不通。我等了一会儿，然后做出了决定："我们先走吧。"

―――――――――――――

① 吉安尼·阿涅利，意大利工业家和菲亚特的主要股东。

"可是卡尔洛，齐达内怎么办？"

"那是他的问题。"

队伍大巴的最后面，蒙特罗一跃而起，顺着过道走向我："教练，咱们得谈谈。"

"没问题，保罗。我们先开车，在路上可以慢慢谈。"可是他却走向司机，拦着司机的手，说道："不行，那就是我们现在需要谈的问题。齐达内不来，我们不走。"

我用了几秒钟去想了一下问题，评估了当时的情形，然后心里就明镜似的了。好吧，这就是我现在身处的状况：面对着一个有可能杀人的疯子，他的眼中已经开始冒火，摩拳霍霍。当他有两个选项，一个是好的，一个是不那么好的，他总是牺牲那个好的。当他瞄准脚下的球的时候，他却踢到了你的腿，当他瞄准你的脚面的时候，他踢到的也是你的腿，实际上，只有当他瞄准你的腿的时候，他才可能命中目标。

"好吧，保罗，我们就等他一会儿。"所有的一切都没有比命来得更重要，不是吗？

齐达内最后迟到了10分钟，也给大伙道了歉，于是快乐家家车出发了。

齐达内是我执教过最出色的运动员，一个星外来客。每场比赛之前，大律师先生都会先向皮耶罗说"嗨"，然后径直到齐达内那一边。他一定是"坠入爱河"了，总是把齐达内拉到一边说悄悄话。我看到过N多次这种场景。通常阿涅利会和他的孙子辈约翰和拉伯·欸尔坎一起来。他们一起出现，问候队伍，然后就和齐达内"搞基"。他俩就和他们的外公一样喜爱齐达内。然后轮到莫吉了："人呢？齐达内在哪儿？"之后是基拉乌多："人呢？齐达内在哪儿？"最后是贝特加，一般他总是悄悄躲在角落暗送秋波，谁让他那么害羞呢。

那会儿我觉得有点孤单，每个人都无视我，他们都是来看齐达内的。有时候甚至球迷也无视我。举个例子来说，有一回在都灵卡色勒机场，我们从雅典回来，之前打了一场难看的冠军杯比赛。在那有一小撮年轻的流氓等待着我们，他们并不是来表达对我们竞技能力的赞赏的。当齐达内走过的时候，他们推了他一把，这就给他们自己贴上了一个标签：即使不死，也要受到惩罚。蒙特罗远远地就看到了那一幕，他摘下眼镜，用一个优雅的姿势踢向那群人。（当然和我笨重的姿势不同）那真是很帅气的一击，小鬼们就倒霉了，痛苦不堪。仅仅几秒钟之后，他就以最快的速度冲向那群小流氓，然后施以各种铁肘。给他撑腰的是另外一个打架好事者丹尼尔·丰塞卡。我的脑海中甚至想象出一个场景：一个拳击解说员站在他俩身后，围绕着，大喊道："对，就是那样。一个左勾拳，再一个左勾拳！技术性击倒，KO！齐达内很安全，我再重述一遍，齐达内很安全！"

　　这些挨揍的小子真倒霉，有几个躺在地上爬也爬不起来。几个小时之后，我们才知道一件事：他们是足球流氓，品行极坏。实际上，之后没几天他们还想来报复我们。

　　我们那支队伍团结一致，随时准备好了战斗。敌人一个小小的火花就足以送他们去和阎王爷打招呼。保罗·蒙特罗、丹尼尔·丰塞卡、埃德加·戴维斯，这个打架三人组代表了正义。如果他们闻到打架的味道，会毫不犹豫地冲过去。有一回在罗马的奥林匹克体育场，中场休息时所有人都已经回到了更衣室。接着我们听到了外面愤怒的声音，就好像要打起架来。蒙特罗大喊道："齐达内人呢？"（他真的时刻被人谨记）然后马上冲出去看看外面到底发生了什么。他以为有架可打，可是只发现原来是一群吵闹中的罗马队员，他们正相互不爽队友的表现。罗马人抬头望去只看到一个怒气冲冲的蒙特罗直勾勾地瞪着他们，毫无理由地就要把他们如割草一般铲成平地。保罗·蒙特罗爱慕齐达内，而我则爱屋及乌也喜欢上了保罗，他是那样纯净和仗义。他也许很容易就变成一个恶性罪犯，不过他也是一个讲原则的人。为了一个人，他可以去为之战斗："把你的手从齐达内身上拿开。"

齐达内的儿子恩佐，就和他爸爸一样神奇。他会来到体育场然后模仿齐达内的假动作，从不遗漏一个步骤。他是一个天才，和齐达内是一个模子里刻出来的。我越来越确信我正在执教一名超自然的球员：他非凡的天才和伟大的人格每天都在给人惊喜。齐达内是我生命中所见过的最冷静、最让人激动、最让人享受的一名队员——他简直就是一个活动的奇观，每天都有让人惊叹的表现。对他最好的描述是我从阿尔塔菲尼那听来的："他踢球的方式，就好像你用刀子在面包上涂黄油那样舒畅。"他只有一个弱项（相对来说），就是射门得分。他从来没有进过很多球，因为不曾花太多时间在禁区里，好像对那块地方他有点过敏。但是从其他方面来说，他是一名大师。他很喜欢训练，我们也很喜欢。因为在训练时，他会有一些让我们张嘴惊叫的发明。我只能呆在那里观看，因为那是我的工作，而其他队员呆在那驻足欣赏是因为你不能打断一项艺术创作，你只能对他的工作表示钦佩。

作为尤文图斯主教练，埃德加·戴维斯是第一个可以和我谈得很深的人。我很喜欢他，并且直接告诉他："我喜欢你踢球的方式，你的侵略性、你的果断还有决定性。很显然，你从来不缺少主观能动性，你是一名斗士，一名勇士。"接着我去观察他身体方面的状况，他的技术还有他的天赋。他只是看着我，或者说更像瞪着一碗汤，这样更贴切，而不说一句话。他善于听取，不信口开河。最后当我停止了叽叽歪歪，轮到他来表达他的想法了："你知道，我也可以踢出很棒的足球。"他是对的，尽管个人技术并不是他的强项。他喜欢很努力的工作，但是却痛恨跑步，所以每一天我都要发明新的有球训练方法。这就像喂一个孩子吃药一样，如果你只是给他一勺药，他会马上吐出来。可是如果你混合着果酱，那么味道会更好些。在你让戴维斯做什么事情之前，你必须要先解释一番，让他明白有哪些好处和优点。他是一个完美主义者，虽然有时候也会让你很难受。

阿莱桑德罗·德尔·皮耶罗第一次见到我的时候，我看出他并不是很高兴。当我去都灵的时候，他正从膝盖的伤病中努力恢复着，努力想要打上主力。他不再那么快速，反应也稍稍迟钝了一些，但是我从来没有对他失去过信心。他不是一个让人惊叹拥有那么多创造力的球员，但他仍然是一笔无价的财富。没有他，我不可能成功，我一直就是那么认为的。即使几年之后，卡佩罗带领的尤文图斯，更加没有了这位队长的位置。阿莱，请允许我这么叫，他是一个天生的领袖，你绝对不能小看他，那就是我想要说的全部。在我的第一年，当他身体条件允许的时候，我就让他上场。如果换成其他教练，早就把他送上板凳了。比如说卡佩罗，一定会把他送上看台，或者送回家，不让他比赛，还不给发一点点棒棒糖。我觉得我必须帮助他，这是他应得的。从专业角度而言，他是一个严肃的有决定性的小伙子；从人性角度而言，他是一个稀有的无价的个体；从技术角度而言，他拥有非常良好的能力。他有一种素质，一种难以打败、难以定义的美。

当我成为米兰的主教练后，我想让他跟我一起过来。我也曾经试着这么做过，可他是尤文图斯的，而尤文不差钱。大律师先生曾经叫他戈多①，因为每个人都在那等着他，可是他却从未到过场。阿莱讨厌那

---

① 西方戏剧大师贝克特的一出戏《等待戈多》，两个人在荒原不停等待，主旨是关于生命的意义何在。

个笑话，这让他变得愤怒，可是他又说不出口，谁让这是主席先生取的绰号。吉安尼·阿涅利曾经有个想法在脑袋中嗡嗡作响——把保罗·马尔蒂尼带到尤文图斯。对于这位律师先生来说，这是绝无仅有的几次把一名防守队员放在那些稀缺的射手前面。通常他只对那些进球制造者着迷。有这个想法的不止他一个。不久之后我就有了另外一位主席，可能的话他会在场上放11名射手，还会要我保证如果阵容不平衡就随时炒我鱿鱼。

　　马尔蒂尼终究是大律师先生一个未曾实现的迷梦。不过，也许没有得到的才是最好的。对他来说或许这只是一个来看我们的途中坐在车内产生的想法。哦，不，不是来看我们，而是来看齐达内。你知道，齐达内可以抚平他一切的创伤。

第 17 章　如果你想在那儿寻找好感，那请出门右拐

我从没有真正地喜欢过都灵，因为在那里我被看成是一头不能执教的猪。这真是太糟了，和我想要的生活有几光年的距离。回溯一下历史，那儿都是优雅的人士——通通闪开，你们这些漂亮男孩。我只是一个来自艾米里安的胖家伙，满脑子装着那儿的意大利饺子。尤文图斯是一支我从来没有深爱过的球队，事实上我从未爱上过它。一部分原因是那些高层的阻拦。每当我回都灵的时候都不是那么美好。它一直是作为对手出现的，即使当我只是一个小男孩的时候，当时我从骨子里支持国际米兰（突然想到了牛肉汤），那会儿我完全被桑德罗·马左拉的队伍征服了。

　　然而，突然之间，我发现我站在了马路的另外一边，某种程度上，就是站在了我自己的对立面。这当然只是一个从纯粹的技术角度出发的决定。很不幸的是，我常常陷入这种困境：当我成为某支球队的主教练时，我必须是那个球队的头号球迷。不过并不是每个人都和我一样，我敢打赌。我常常会因为情感的陷入而不能自拔。每次我都克服一切，全心投入，那真是刹那间的心灵碰撞。这并不是说我是一个可以为了工作牺牲一切的人，我只是有一点点老式的罗曼蒂克而已。我尊重那家我正在为之工作的俱乐部的文化和历史。我认为那是一种正确的方法，得以让我顺利工作。这是我应该做的，我也有义务去那样做。你不能在来到一家俱乐部的第一天就开始指手画脚。

　　在尤文图斯，只有三巨头才可以发号施令，但是他们很照顾我，我是说真的。不错，仅仅在两年半之后，他们就炒了我，不过这是另外一回事。只要我还是尤文的教练，那么莫吉、基拉乌多和贝特加就想方设法让我觉得我是世界上最厉害的教练。他们用他们的言语和行动来表示，他们的支持是无可挑剔的，我没有办法要求更多。

我发觉作为俱乐部高层在赛季途中去质疑一个教练是很不明智的。这会制造障碍，降低工作效率。当我在尤文，即使并不那么如意的时候仍然很享受来自三巨头的尊重。有时候会有很激烈很难堪的会面，我见过不只一次有球员差点就哭出来了，但他们对我永远就像对一位国王。他们总是在那里，无论是训练时还是比赛时，他们和队伍生活在一起，知道队伍的方方面面。他们知道，经常缺席的经理不可能管好球队。

尤文图斯对我来说是一个全新的环境，一个与众不同的地方。我在那里从未感觉到真正意义上的舒适。我只是那台机器中的一枚钉子，一个巨大的公司里普通的一员。如果你想在那寻找好感，那请出门右拐。从工作上来说，每一件事情都运转顺畅，但是工作之外呢？什么也没有。我每天都会见到莫吉，我们是邻居，我就住在他位于卡尔洛·阿尔贝托大街房子的楼下。在三巨头中，我和他离得最近。他很喜欢我，也很关心我，我对他也如此。直到现在我和莫吉偶尔还会通电话，还有基拉乌多，但是贝特加基本上就会从空气中蒸发不见。

卢西亚诺·莫吉，大家都知道他是个非常重要并且有影响力的家伙，甚至一些裁判员也意识到这一点，其中一个人尤甚。每个人都非常尊重莫吉，也因此给人一种错觉，他好像威胁了每一个人。他先是牛哄哄的，后来又轰然倒下，那都是因为他处理人际关系的问题：他从来不会说不。他一天会见30多个人，很外向，思路也很开阔，这让他变得很有权势，同时，也更招人嫉恨。他因为尤文图斯而变得那么跩，就是这样，人们才觉得他是在威胁他人。就好像莫吉是一只食人恶魔，而其他人就是可怜的小羔羊一样，可莫吉并不是那样的人——他既不是一个恶魔，也不是一个圣人，无须再赘言。

围绕在莫吉身边的是许许多多丧失希望的小绵羊和一小撮约翰羊，不好意思，这里借用下吉安尼·阿涅利还有他的家族的外号。事实上，莫吉缺少的是阿涅利家族的身份。所有重要的事情都会由翁贝托·阿涅利决定。就是大名鼎鼎的博士先生，他比那位大律师先生更加聪明。阿涅利家族中我最喜欢的就是翁贝托的儿子安德拉，一名有着伟大人格、让人记忆深刻的年轻人。他总是鼓励我，在他的能力范围内帮助我，当我期待中的胜利还没有到来的时候他也劝我不要太着急，他是一个标杆。

基拉乌多是一名真正的居家好男人，尽管他那样喜欢胡闹、取笑别人。有一次，我和他打赌一场比赛的结果。他总是可以预测到其他比赛的结果，这使他有一定的优势，但是我还是接受了挑战。比赛的赌金是什么？哦，只是请20个人去餐馆大吃一顿。最后，我输了。基拉乌多开始唬我："卡尔洛，不然我们就去那家做菌菇很好吃的店？"菌菇？我当然请得起。我们出发了，还把自己称为"山间旅行团"，从都灵去卡斯特罗·迪安·南①，就在阿尔巴附近，那里出产白色的菌菇。在一群饥肠辘辘的人中间，我们还带了一个人——加利亚尼。他和三巨头那会儿是非常非常亲密的朋友。当然现在是四巨头了，有了他的加入，从四巨头变成了四头猪，这几个人就好像已经饿了几个月一般。他们只是不停地大吃着菌菇，就好像在吃爆米花一样，看上去没有停止的一刻。这会儿已经不在乎比赛的输赢了，很好。最后，我买单。我这还没有提到那些流成河的香槟呢。"拿你们最贵的香槟来！"我不只一次地听到基拉乌多那样告诉服务员。每个人都大口大口地喝着香槟，这儿终于成了

---

① 位于都灵东南大约50公里，阿斯蒂东约9公里处。

一个充满泡沫和快乐的尤文图斯。当他们在那儿又吃又喝的时候，我却在脑袋里计算需要支付的支票，试着搞清楚我到底在这次赌局上输了多少。（顺便说一句，很可能这是黑庄）每人最起码20万里拉，当我们乘以20之后，加起来有400万里拉。当最后账单出来的时候，这还是一个乐观的数字。"安切洛蒂先生，这是账单。"整整1000万里拉！1000万里拉啊！我的天！我只想要一张发票，不过最后酒店给我的是一张长到类似古希腊卷轴的账单，比一英尺半还长，我直接就晕了。我拿出了我的支票簿，心里像往常一样诅咒着那20个我请来的家伙。加利亚尼的领带从紫色变成了黄色，谁让他拼了命一样喝了我那么多香槟！在我身后，我听到有人在偷偷笑。没错，就是基拉乌多。他本来是很可爱的一个人，即使在公众场合他也很严肃。而在那会儿，我恨死他了，恨死他了，恨死他了！

"和你开玩笑的啦，卡尔洛，我来付钱吧。"我儿子大卫和女儿卡地亚的前途一下子又光明了起来，他们的遗产安全了。

基拉乌多和莫吉两个人总是忽悠我。2000年11月份在雅典，他们弄得我看起来像一只傻鸟。因为就在不久之前我被选出来玩大冒险，对着那些不朽的神像大喊："我不是傻鸟。"还有一次是在训练后的一个下午，我实在很想打瞌睡。电话响了，奇迹似的我竟然找到了绿色按键，回答道："喂？""快醒醒，卡尔洛，大律师先生正要给你打电话呢。"我立马站了起来，打自己的耳光以求集中注意力。我当时的神情还充满不爽、迷茫，赶紧试着把自己重新拉回到地球。电话那头传来了阿涅利沙哑的音调，他不能清晰地发出单词中L和R的音。

"嘿，卡尔洛，我刚刚看到一名来自象阿海岸的非凡的球员。"

先暂停一下，停止通话。让我来正确地说："那是象牙海岸。在这地球上所有的国家队中，象牙海岸是除了意大利之外，我最喜欢的队伍。"

"他真是一个现象级球员，名字叫作卡邦加谷地。你以前见过他踢球吧？"

世界闻名的卡邦加谷地？他亲娘的他到底在说谁？

"主席先生，我真的不知道您谈论的这个人，不过我会去把他找出来，这就去找一些录像带。"

"他是一个伟大的冠军，真是奇怪，你怎么能不知道他呢，卡尔洛？你生活在这个世界上怎么会不知道卡邦加谷地呢？"

去死吧！我不得不戴着一顶有一对驴耳朵的帽子，这样我就可以顺利地去开教练技术探讨会了。我打扮好后到了楼下的大厅。看到莫吉，赶紧走了上去："卢西亚诺，刚刚主席先生打我电话。"

"是吗？他怎么了？"

"他问我一名来自象牙海岸的球员，那个家伙的名字好像叫什么卡邦加谷地。你听说过没？"

"我有没有听说过卡邦加谷地？当然了，每个人都知道他。"

"啊？那我怎么不知道。"

"我觉得吧，你应该多花些时间去研究你的那些队员，卡尔洛，我们马上就要签下他了。"

然后，我又听到了一个熟悉的声音。就是那个阿涅利主席先生的声音。"我说卡尔洛啊，你怎么连那么有名的卡邦加谷地也不知道？"在那一刻，我只想到了一件事："完了，他要把我送去都灵执教了。"我转过身去鞠着躬表达歉意，边上站着的是奥古斯托·贝莱尼，一个旅行社的负责人，主要为阿涅利家族掌管去哪儿玩之类的问题。他就像患了麻痹症一样不停大笑。这时我才意识到他有一项很厉害的绝技：模仿阿涅利。当然，他只能模仿阿涅利的声音，从生物角度而言，阿涅利只有一个。

实话说，我从来不知道阿涅利先生到底喜不喜欢三巨头。他是一个活得轰轰烈烈、让人惊叹的老人，并且有过很多的绯闻。每一件关于爱情花边的事情都很美丽，那些绯闻让他很高兴。他拥有着惊人的财富，与此同时，还有一个简单的爱人——撇开齐达内不说。他从来不和莫吉或者基拉乌多联系在一起，或许，和贝特加有一点点。

一天，就在我结束都灵之旅之前，阿涅利要求和我单独会面。他给了我一个小时的宝贵时间用来谈话，并且表达了对我的喜爱和信心："我们没有赢得冠军，但是我们有一个很好的赛季。你是一个好人，卡尔洛。一定要记住，那是生活中最最重要的事情。"

当然。

不过，实际上，第二天，我就被炒鱿鱼了。

第 18 章　故事结束，虽然从未开始

144分，对，整整144个积分，听上去就像20世纪旧的急救电话号码。尤文图斯的球迷们，给我们打电话吧。我的名字叫卡尔洛，或者，你们说的猪，我会让你们最不可能的美梦成真。除了一件事：赢得意甲冠军。

执教尤文时，我们在两个赛季里拿到了144分，两次得到了联赛的第二名而让其他队伍取得了冠军，第一次是拉齐奥，第二次则是罗马。那段时间，意大利首都球队复活了。如果你喜欢佩鲁贾那场巨大的洪水冲击的话，请按1；如果你更喜欢中田英寿那个进球的话，请按2；如果你想和接线员通话，请打莫吉瑞士的号码。有一件事你可以放心，莫吉一定会接你的电话。第一次，我们被一场暴风雨打败了，紧接着的第二个赛季，一名日本球员的进球杀了我们。从技术上说，要不是最后一分钟球员引进规则的改变（允许更多的非欧籍球员），这名球员甚至连上场的机会也没有。

尤文图斯决定解雇我，没有一丝一毫的犹豫。高层做了决定，但是没有人有那个勇气来告诉我。除了那些都灵的体育记者，他们好像事先就已经知道了所有的事情："卡尔洛，你知道这个赛季之后你将被炒鱿鱼，不是吗？他们已经和里皮达成了协议。"

"别胡说八道了。"

"不，我们很认真地在谈论这件事。你现在只是一具行尸走肉而已。"

我不怎么相信。我和都灵的体育记者有非常要好的关系，我想那是因为他们当中几乎没有人是尤文的球迷。

"同志们,你们疯了,在我办公室里有合同在呢。"

"从另一个角度去审视它,卡尔洛。也许那只是一个电话合约呢?也许莫吉真正想让你负责的只是他7个电话账单的合同。"

每个人都准备好了我离职的新闻发布会。当然我以前听到过很多教练被炒的消息是由媒体透露的,可是从没听说过一个教练被媒体直接炒鱿鱼的,但这正发生在我身上。

根本不能相信,因为不久之前我才延长了合同——尽管当时讨论合同的时候很激烈,一点也不像和谐的谈判。2000年12月,当我们在欧洲冠军杯中出局之后,我被召到了俱乐部总部去。莫吉、基拉乌多还有贝特加在桌子的一头,而我在桌子的另外一头。三打一,根本不像男人应该做的。很明显,他们会取得胜利。谈话的开始是这样的:"我们将不能进入欧冠的决赛,不过那不重要。你的工作很出色,所以我们希望你能够和我们继续战斗下去。合同中有一个延长合同的选项。我们想更新你的合同,不知道你要多少钱?"

"25亿里拉,谢谢。"

最起码,我想他们应该跟我说一句没关系,但是事实不是那样的。他们行动一致,就像一支同步的花样游泳队,倏地一下突然间就站了起来,转身,离开。每一个动作都是那样贴合,没有一秒钟的犹豫,完美配合。我真怀疑他们是不是已经练习过好几次了。先是右脚,继而左脚,身体笔直,转头看着我,脸上是恶狠狠的表情。齐步走,1—2—1,1—2—1,走向门口。莫吉推开了大门,基拉乌多和贝特加也挥动着手,好像也要推开大门一样。然后,他们就走了,顺带着还狠狠摔了下大门。哇,真是"可爱的"三人组,我对他们十分"敬仰",完美的和声。他们根本就不是什么三巨头,而是三条可爱的"美人鱼"。我?我就像一只傻鸟一样独自一个人坐在会议室里。

20分钟之后，莫吉从门口探头进来，说道："你还在这干吗？"

"如果我只要20亿里拉呢？"

"太多了。"

"那……17亿里拉？"

"你走吧。"

紧接着的第二天，我们之间的谈话就出现在了新闻报纸上，给人感觉他们会发表官方声明，而我就一定会读那些声明一样。也许声明中还有翁贝托·阿涅利的话："今天我们和一只大大的猪头达成了协议。"我觉得这句话不太公平。虽然我承认我的头超过了正常的尺寸，但是我出生的时候可正常了。无论如何，在后来几次会面之后，我和那三条和谐同步的"美人鱼"最终互相理解，达成一致。

虽然有合同在手，但是我还是很担心。这都是我那些体育记者朋友们的错，他们总是不停地问我："你出局了，卡尔洛。你辞职吧！他们和里皮说好了，12月回归。"

在我延长合同签字之前，我就已经听他们说过很多次了。所以我决定打个电话给米兰的体育经理布拉伊达："嘿，听着，我马上要在和尤文的新合同上签字了。如果有机会执教米兰的话，我可以先等等。"我想传达一个信号，给自己多一个选择。不过，事实上我只是制造了这么一个幻想而已，因为布拉伊达在电话里说道："哎呀，小安，你知道……我怎么能做这事呢……我不认为我们可以这样明着摆尤文一道啊……"事实上，米兰是不会那么做的。米兰和尤文两支队伍根本就是一体的。米兰图斯，或者叫尤文米兰也可以。"我们不能把他们的教练勾引走啊，那样做不合规矩啊。"

然而，事实上，布拉伊达已经放出了一些信号，他已经炒了法蒂赫·特里姆，只是当时还不能告诉我。

过了很久之后，三巨头终于对我动手了。一天早晨，就在尤文对罗马的比赛之后。那场比赛我们和对方最终2：2战平，中田进球了。我们本来是2：0领先的，但最终球队和范德萨没有显出尤文的特质，在经历了点球和松懈之后，比赛结束。我接到了一个从翁贝托·阿涅利办公室打来的电话："请到菲亚特总部来，很紧急。博士先生想和你谈一谈。"

既然我对于机器人没有很多了解，所以在去之前我脑袋里已经知道那个对话大概的主题了。为了确定我的想法，我给莫吉打了个电话。

"嘿，卡尔洛，你好吗？"他在电话里还问候了我，"你现在想干吗？"

"听着，卢西亚诺，博士先生打电话给我了。他想见我。你知道他大概要说点什么？"

滴答，走人。他猛地就挂上了电话。不出所料，他想把我炒了。

我还是去会面了，翁贝托·阿涅利并没有说什么废话："我亲爱的安切洛蒂，尤文的新教练将是马塞洛·里皮。"不用你说，谁还不知道呢？我和尤文的最后一场比赛是在都灵，对手是亚特兰大。比赛之后，我去了新闻发布会，而那些记者，就是早知道这些会发生的记者同志们，爆发出了一阵热烈的掌声。我有点汗颜去承认这个事实，但是他们的掌声让我感动，就像一个小孩子一般。因为我知道，他们很喜欢我，哎，本来不想说的，我也很喜欢他们。

我喜欢都灵时报报社的马科安萨尔多和法比奥·维嘉南诺，我喜欢罗马体育报报社的卢西亚诺·贝托拉尼，他对拉齐奥的着迷甚至胜过拉齐奥的主席。还有嘉泽特体育报报社的保罗·福克林，都灵体育报报社的维托里奥·奥雷佳和卡米洛·福特，共和报报社的艾曼纽勒·钢巴，这家伙是都灵队的球迷，彻头彻尾的都灵球迷，和奥雷里奥·贝尼格一样，他曾经为了都灵写了几千张纸的文字。毫无其他，只是真情。在我之后的冒险中，我还是会想起他们。那么多年过去了，我也曾向那些记者撒了非常多的谎，不过仅仅是为了生存下去而已。在他们和三头怪之间，我总是选择相信三头怪。可是那阵热烈的掌声，依然是一种喜爱的信号——那是我作为尤文的主教练时我能记住的最后一件美妙的事情。

不过有件事即使是那些记者们也没有帮我想明白，直到今天我还是在想，既然三巨头已经重新雇用了里皮，他们又为什么延长了我的合同呢？

选项A：因为当时我们还在为冠军而战，他们想让我情绪高涨，集中注意力。

选项B：那会儿他们差不多已经从帕尔马签下了布冯和图拉姆，而我和这两个人有着很好的关系。

选项C：他们不想让我去一家主要的竞争对手任职，比如米兰。不过这种事总会发生的，谁让罗森内里们已经赶走了特里姆呢。

在三个选项中，我从没有得到非常肯定的答案，我一直不能很透彻地理解他们的行为，不过也许这个谜一样的情形比我想象得要简单很多也说不定。他们忽悠我，让我站在他们这一边。用种种诡计让我觉得我是那个最棒的人。而博士先生，至少他试着给我一个解释，为什么他不想让我继续担任尤文的主教练："安切洛蒂，你不能和这里的人和谐相处，这是更衣室里很忌讳的事情。"好吧，如果真的这样，那也许你应该请绿色和平组织来和谐一切①。我从没有相信过他说的理由。要问我的想法？我认为他们炒了我只是因为我没有拿到冠军。

---

① 意思是"好吧，那你应该打电话给绿色和平组织"，暗示安切洛蒂和队员的关系其实很好，以更衣室气氛不佳炒掉他只是一个说辞而已。

在我执教尤文的日子里，我遇到了一个命中注定让我取得成功的男人：传奇皮波①。菲利普·因扎吉已经奔四了，但还吃着小熊饼干。他是过去一个世纪最伟大的发现。当我第一次来到尤文的时候，他因为伤病不能上场，但是很快我们就打破僵局了，我们之间有一种痛彻心扉的理解。

皮波总是保持着一种饥渴。如果我想找一个完美的射手，他当然不是第一个出现的。他不是一个全面的队员，但是只要在禁区里，这个地球上没有人可以和他竞争。他有时候稀里糊涂地就把球诱骗进了球门。在禁区里，他可以用任何你想的方式去得分：右脚射门，左脚打门，大力射门，弹射，大腿，膝盖，后脚跟，闭着眼睛也行，还有他的屁股，指尖，你简直不知道怎么进的。还有耳朵，大脚趾，鞋带，甚至是意念。有时候明明是另外一个队员进的球，他却开始庆祝了。对于因扎吉我最喜欢的评论是来自艾米里亚诺·蒙多尼克："因扎吉爱上了进球？不不不，是进球爱上了因扎吉。"他真是有无尽的激情。

因扎吉和德尔·皮耶罗应该是很完美的一对，但是那也只是理论上而已。问题还是那些球员间常有的问题。他们俩中的一个是这个地球上最想要进球的队员（我不是在说阿莱），这个缺点反而使皮耶罗变得越发伟大。情况是，皮波和皮耶罗也不是经常吵架，他们只是不那么喜欢对方。更衣室成功地减缓了他们俩之间的矛盾。说到更衣室，那里简直就是非常粗暴的一群人。看看，有这些坏小子：安东尼奥·孔蒂，西罗·费拉拉，吉安卢卡·佩索托，甚至还没有提到蒙特罗和齐达内呢。阿莱和皮波也许不是你情我愿的那一对，看上去更多的像是受了父母之命的一对恋人，虽然生活在同一屋檐下，但是却没有太多的情感。那不

---

① 皮波为因扎吉的昵称。

是一份天长地久的爱情，天天开始倒计时想着离开对方。

　　这就像我和尤文的关系一样：一个爱情故事在未开始前就已经结束了。我们实在是不太一样了，每个地方都不同。我是一个从乡下来的男孩，他们那些经理们则穿着西装打着领带。我带着塑料的腕表，而他们则是金色的劳力士。我对他们的尊敬从第一天持续到了最后一天，当他们在冬天把我送走的时候，我并没有感受到太多的痛苦。事实上，我根本就不在意他们的蔑视。上帝通常关闭了这扇门，而又打开了另外一扇窗。就在你不抱一点希望的时候，你却听到了一个熟悉的声音，来自熟悉的主席，重复着熟悉的话语："我想赢得每一个冠军。我们将会成为意大利的主人，欧洲的主人，世界的主人。"

　　哦，我的天哪。他难道还是喝了那么多酒才给我打的电话？再次，贝卢斯科尼给我打了电话。我不能拒绝，我就在那里，等着你，我的米兰。

第 19 章　情绪失控，却得到了真正的米兰

法蒂赫·特里姆并不知道，他在米兰下课的真正原因是出于饮食方面的考虑，尤其和美味的意大利冷切猪肉有关系。那是在2001年的11月，在万圣节后的几天，我们就只能怀念那位土耳其皇帝了。他卸下了教鞭，我则取而代之。加利亚尼在选定我做新的主教练之后，大笑起来："我亲爱的安切洛蒂，我好高兴哦。"

　　"谢谢你，你那满脸尊重的表情，让我看着很受用。"

　　"我说我很高兴是因为选择了你，至少米兰内洛的菜单可以改改了。"

　　换句话说，加利亚尼选择我，只是因为特里姆的土耳其口味太糟糕了。也许他在美食杂志《米其林》上看到了我：卡尔洛餐厅，建议您预先电话预约。也许他只是先预定我而已。"喂，你好，我是阿德里亚诺。你能不能在我派对上加一名客人？我们每个人都会点冷切猪肉和香肠。"

　　也许最重要的原因是，他又一次可以免费牛饮美酒了。每次加利亚尼点菜，总要喝许多许多的酒。

　　而特里姆，恰恰相反。他保持着平衡的膳食，通常只喝淡淡的肉汤还有白开水而已，对加利亚尼来说，这绝对是不可接受的。还有一件事：特里姆特别喜欢看《大兄弟》那个节目。每次吃完了午餐，就跑回自己的房间里对着电视机了。而加利亚尼并不喜欢独自一个人用餐。特里姆就想看看电视里的那些人是不是又在乱搞男女关系了。而里面的演员也确实那样做了，事情就那么发生了，然后执教米兰的压力就毁了他。为了避免任何一点点的危险，当我在签合同的时候，我举起右手，然后把左手放在心脏部位："我发誓永远会把米兰放在任何一个《大兄弟》的演员前面，阿门。"

就在不久之前，因为种种原因，我曾发誓有一天我一定要执教罗森内里们。那会儿我才刚刚开始执教雷吉纳，有一回作为宾客出席了塞巴斯蒂亚诺·罗西①的婚礼。在教堂里，我走到加利亚尼身边，开始对着他甜言蜜语起来："阿德里亚诺，现在我做的任何事情都只是练习而已，有一天，我将会执教米兰，而你将会雇用我。"

"好吧，我当然也那么想，卡尔洛。但是现在能不能麻烦你先别贴着我的耳朵，不然看起来就好像我们俩要结婚一样。"

这就像在罗马的帕拉佐大酒店的初次会面。你看，我正在变得越来越在行。罗西站在圣坛上，和女孩子交换着信物，而加利亚尼和我，则刚刚开始了我们的爱之旅。我信守了承诺，回到了米兰内洛，那儿有空着的教练席等待着我。一同等待着我的，还有米兰内洛运动中心的经理安托雷·佩罗索："欢迎回家，卡尔洛。"加利亚尼还在那儿工作，那真是一个不变的现象。对此我有时候忍不住想在迷雾中寻找答案：贝卢斯科尼到底是先造了加利亚尼，还是先造了米兰内洛？到底哪个先：是蛋生鸡？还是鸡生下了这些金蛋？过了那么多年了，我很了解加利亚尼。他的血管中奔腾的是红黑色的血液。比赛最后的结果，对他的心情有很大的影响，会让他找到存在的意义。如果米兰赢球了，那么每件事都很好，不过如果米兰输了，那只能祝你们好运，小伙子们。他有两个身份：俱乐部的总经理，也是一个狂热的球迷——他和米兰，两个灵魂被压缩进一个身体。他两个身份自然切换，都不用特意去刺激他。当米兰进球的时候，他整个人都变形了，大声地庆祝就好像在演一场电影一

---

① 塞巴斯蒂亚诺·罗西，意大利足球运动员，AC米兰的杰出的代表。

般，通常是演那个大声喊叫的魔鬼。他是第一流的总经理，非常有能力，尤其是高超的管理技巧。对他所有的付出，米兰的米粉们，应该永远感激。他是贝卢斯科尼的左右手：如果主席不在，那么他就是全权代表。

加利亚尼和我之间有非常非常好的关系，我们之间从来没有激烈的言语争吵，相互间总是充满着敬意。那么多年里，偶尔会有争执，也不过仅限于在球员的使用上。有一次争执特别不一样，那是在马德里，我成为米兰教练的第二年。我们当时正在打冠军杯，而且也已经进入了第二循环，按计划我们将要和皇马交手。在训练时，我试着在场上多用一些替补队员。加利亚尼静静地看着，并没有说一句话。然后我们返回到了酒店一起吃晚饭。用餐之后，他把我叫到一边："你不是真的想用那个阵容吧？"

"噢，当然是真的啊。"

"你肯定疯了。"

"我们已经晋级了，我们需要多考虑之后的比赛啊。"

"我们是AC米兰，你永远记住这一点。现在，让我给你解释一些事情。"

他先教了我一堂地理课："我们是在马德里。"

还给我上了一堂历史课："无论谁在这里赢球，将会被人们永远记住。"

又上了一堂宗教课："伯纳乌球场是一座神庙，一座丰碑。"

最后，还有一节心理课："强大的力量来自征服。毫无疑问，你那么做是在倒退。"

下课之前，他还给了我一个警告："别和我耍心眼，哥不是二百五。"

我会牢牢记住的。但是与此同时，我还是固执己见。正如我之前提到过的那样，我一个人决定球队的阵型。比赛输了，1∶3，加利亚尼回来和我算老账了。警告是必需的，只是相对于比赛前的那番话稍稍有了点改变："我再请你记住，哥不是二百五。"

尽管球迷们或许对此有话说，因为不只一次，他给那些本该退休的老将们又延长了几年的合同。事实上，加利亚尼非常清楚米兰成功的秘诀，那就是球员的忠诚度和认同度，而这两者是需要不断加强的，好比训练。球员们在一起的时间越久，他们就能踢得越好。即使是一个高龄球员，也一样可以在一定情况下完成任务。米兰内洛的空气是那样特别，混合着氧气还有精灵的气息。在你的肺中，你可以感觉到一股对那些为米兰奉献良多的人的感谢。加利亚尼总是在那里，从不"翘课"，一天24小时，一年365天为米兰服务着。那是一种激情，而不再是简单地工作而已。阿德里亚诺紧急营救热线：白天，黑夜，随时随地。

加利亚尼一直和我一起紧密地配合，从我来到米兰内洛那一刻开始。礼拜一，我签署了合同；礼拜二，我来到了球队；礼拜三，我有了自己的办公室，传奇般的房间号，五号。当你从米兰内洛前门走进去的第一间房间是基地最大的办公室，有一张床在左边，书架和书桌则在右边，靠墙角有一台小冰箱，无论你从哪个方向看过去，处处都充满着厚重的历史。外面有一个巨大的阳台，真正的露天阳台，你可以尽览球场。起身打开窗户，你就可以看到一切。如果你的视力足够好，你甚至可以看得更远，远到无尽头的未来。因为在这，所有的事情都井井有条，每件事都由那扇窗、那张桌子考量过。当你晚上无法睡眠时，这里的每一样东西都可以让你拥有一个美梦。五号办公室一直以来都是主教练的办公室，当我第一次走进那个房间的时候，有一种很明显的感觉：他们就在我身边。我睡的那张床曾经还躺过内雷奥·罗科、阿里戈·萨基、法比奥·卡佩罗，当然还有奥斯卡·华盛顿·塔巴雷斯。

以前，卡佩罗也落魄过，我相信那是因为压力太大了。体育中心的经理安托雷·佩罗索曾经声称在米兰内洛有一只鬼魂，他总是毫无目的地漫步在走廊，尤其是日落之后。我一直没有分清楚到底哪一个更加疯狂，法比奥还是那只鬼魂。当初是谁决定在芸芸众生中选择了他呢？那真是一个头疼的问题。我现在还可以看到那个场景，卡佩罗挺直着肩头，因为愤怒而胀大了胸腔，就好像卡萨诺在他面前："混蛋，去你的吧，你的灵魂都是脏的。我的队伍不需要一个死人。"

我的米兰，第一年其实也并没有从死亡线挪动多少。它全身湿透，内外交困，只剩下半颗跳动的心脏。在特里姆时期，队伍得到了一些第一流的球员，比如说因扎吉和科斯塔，问题是他们都受伤了。我曾经和马尔蒂尼、科斯塔库塔、阿尔贝蒂尼一起踢过球，他们帮了我不少忙，至少我们之间的关系很融洽。

那是一个很一般的赛季，而真正的开始是在和博洛尼亚的比赛。那场失败打醒了我们：2∶0，主队赢得了胜利，而我们则被羞愧掩埋起来，大家踢得很迷茫。那场比赛让我大发雷霆，那种情况在过去的8年也没有发生过，那是第一次，也许也是唯一的一次。我用愤怒把更衣室"打开"了，我看到的是一支毫无激情、毫无动力、毫无野心的队伍。我实在忍不住我的愤怒了。生平第一次，我猛拍桌子，一脚踢在门上，狂摔水瓶，然后开始怒吼。我辱骂着每一个人，每一件事。我对他们上升到人身攻击，骂了很多很难听的话。我告诫他们，不小心做一件愚蠢的事是一码事，而整个脑袋都是愚蠢的那又是另外一码事了。因为那会儿他们好像看上去都觉得自己没有错。那次谈话让他们醍醐灌顶，也改变了我们的历史，当然，结果是好的。在那噩梦般的90分钟后，我们距离第四名有6分的差距，也就是说离欧冠还有6分的分差。在赛季的最后我们取得了第四名，但是失去了阿尔贝蒂尼。在都灵对阵尤文的比赛中，我把他放在了板凳上，之后他就决定去寻找"有更多草的农场"。

他对我说："卡尔洛，我真的没想过你会这么对我。我们曾经当过队友，我以为我们有一种更深厚的关系。但是今天的这一切，让你和我的关系都结束了。"他离开米兰了，我觉得很对不起他，那种感觉真的伤到我了。他其实可以留下，做皮尔洛的替补，而皮尔洛只是刚刚开始融入球队而已。

第一年结束的时候，我们的阵型是4-4-2，首发队员是这些：阿比亚蒂守门，4个防守队员孔特拉、劳尔森、科斯塔库塔还有马尔蒂尼。中场是加图索、皮尔洛、安布罗西尼还有塞尔吉尼奥。而前锋是舍甫琴科和因扎吉。那其中的许多名字从以前到今天还在继续。

第 20 章　封王英格兰，感谢圣诞树

我在米兰的第二个赛季每一天都是一个节日。我是那个在圣诞节还上班的花匠。你在这儿翻翻土，又在那儿撒下种子，然后结出了一个伟大的发明：圣诞树阵型（一个守门员，四个防守队员，三个中场，两个攻击型中场和一个射手）。当你看到这些队员在场上踢球时，那闪亮的感觉真的就像一棵挂满小玩具还有彩灯的圣诞树。

　　发明这个阵型纯粹是个巧合。当时转会市场给我们带来了克拉伦斯·西多夫、达里奥·西米奇和里瓦尔多。当我们在欧冠资格赛赢了索洛文·里贝里克之后，阿里桑德罗·内斯塔也来了。舍甫琴科受伤了，但里瓦尔多、鲁伊·科斯塔、西多夫和皮尔洛一定要上。俱乐部的哲学需要这样的比赛：充满美感，这一直就是最最重要的。

　　皮尔洛给了我很大的帮助。那是一个大晴天，他来到更衣室见我："我可以试一下踢防守中场那个位置。我在蒙扎的时候踢过，效果很好。"从蒙扎到米兰，我有我的考虑：我担心小皮会拖慢整体的速度，因为他总是喜欢把球控在脚下。虽然他控球很稳，但无疑队伍也没法快起来。我对这个新想法并不是非常有信心，但是我听取了他的意见，并在贝卢斯科尼杯上给他一个机会试了一下。比赛之后，我简直蒙了。他的踢法是那样简练，富有美感，简直成了一个无敌的队员。也许他的名字听起来不那么吉祥（PIRLA，意大利语中是骂人的话，和小皮的名字很相近），但之后这个名字绝对是魔法的代名词。

　　一切都运转良好，直到欧冠客场和拉科鲁尼亚对垒，这场比赛让米兰的基因突变来得完整。对方的中场一如既往地控制着比赛的节奏，为了在中场创造更多的空间，我告诉里瓦尔多还有鲁伊退得更深一些。因扎吉则更加突前，也因此没有人跟防他，最后他进了3个球。我们的对手彻底糊涂了：他们不确定到底是该派一名中场还是后卫去盯防位置退后的鲁伊和里瓦尔多。他们的阵型不再平衡，留下了巨大的空间，而我们也恰恰利用了这一点。我们很精明，在空当里翩翩起舞，最后射门得分。我们用脚尖送给了他们有节奏的舞蹈，以及"四颗子弹"。我们踢得很棒，开始慢慢征服全欧洲。甚至在慕尼黑拜仁的主场和多特蒙德主场，德国人都对我们俯首称臣。成为"圣诞树之父"我感到很自豪：在这享受我的圣诞树带来的一切吧。我们就像一支每天都在过圣诞节的队伍，无论对手是谁，我们总是准备好了胜利的庆祝。

对于这个创造我真的很骄傲。我们的阵型被翻译成英语：从阿尔贝罗·迪纳塔莱到圣诞树。我喜欢听到这些，这个阵型对我们真的很有用，并且它还让我们成了欧冠的冠军。当然好运气也是必不可少的因素。和阿贾克斯的八强战中，我们已经用尽了体力，但是最后一分钟，托马森的进球拯救了我们。3：2！胜利！整个圣西罗都陷入狂欢。半决赛中，我们和国际米兰对抗，这是一场真正的德比。

意甲联赛的冠军已经不在我们的掌控中了，所以我们把精力都集中在欧冠上。我们处在巨大的压力之下，我甚至能感到屁股下面的教练席也开始危险地抖动起来。最终，我陷入了平静，和往常一样，那半边疼得火辣辣的屁股让我变得舒坦。那会儿已经开始不停有伤号，考虑到他们的身体状况，我告诉队员们，要小心谨慎，防守第一。我甚至在比赛之前的技术准备会上还把这些写在纸上分发下去。"确保控球的有效性，避免发狂，还有不要带球太多。尽量一脚出球，最后，尽你们最大的努力，尽你们最大的努力去避开对方的中场防线，从后场开始组织进攻，避免他们的拦截。"还有一条，"不要着急，每个人，包括前锋，都应该回来一起组织球队的进攻或防守。静静等候，直到对手露出致命的空隙。要对自己充满信心，记住，我们才是圣西罗的主人，我们的足球更棒，我们的思维更先进。"

我还是一个传统的家伙，喜欢手写下每样东西，即使今天还是用纸和笔，包括我分发给队员们的笔记。这给了他们一种人性的启发，关于我为他们做了些什么，你知道，你不能用电脑去写一封情书。那场比赛，最后0：0结束，我很高兴。我们有了一个小小的优势，因为接下来的那个礼拜我们是客场。我拿起纸和笔，开始准备和隔壁的第二回合。在众多可能的技术性和战略性建议后，我加入了一条，那是我心里突然闪现的："这场比赛或多或少将是我们所有努力的顶点，我们要证明，所有的牺牲都是值得的。这一刻终于来临了，小伙子们要为这一刻的来临感到高兴。"这一条我写在笔记的最下方，而背面则是人员的对位安排：科斯塔库塔VS迪比亚乔，内斯塔VS克雷斯波，马尔蒂尼VS马特拉齐，卡拉泽VS科科，因扎吉VS科尔多巴，还有舍甫琴科VS卡纳瓦罗。白纸黑字，我还稍微提了下罚点球队员的顺序，因为没人可以确定一切。名单是这样的：皮尔洛，鲁伊·科斯塔，西多夫，因扎吉，科斯塔库塔，舍甫琴科，内斯塔，马尔蒂尼，卡拉泽，还有加图索。我们没有用到这个名单，结局1：1，我们带着满意的微笑淘汰了对手。比赛结束前的7分钟，从马丁斯打入那球开始绝对是我人生中最漫长的7分钟。时间就像凝固了，我的心跳不停加速，也许我当时连心脏病都犯了，只是自己没有感觉到而已。最后，这一切都结束了。最重要的是，我们的路还在继续。老特拉福德，我们来了。在梦剧场，我们将对阵尤文。真是一场疯狂的决赛。

处理这种状况，我总是依赖两条准则：准确的判断以及专注力。就在比赛前几天，我没有像往常那样召开技术准备会，而是召集大家一起看电影。我给队员们观看了电影《挑战星期天》[1]，故事讲的是一名教练在一场至关重要的比赛前发表的让人印象深刻的讲话。"你们需要知道，生和死只有咫尺之遥。足球也一样。因为无论在生活中还是在比赛中，留给你们犯错误的空间是微乎其微的。要么我们团结一心，努力求生，要么我们各自飘零，坠入深渊。"这段话让人感觉精神振奋。我准备了DVD，内容是我们通向曼彻斯特所经过的每一步：音乐，快乐，进球。里面的"演员"是我们自己，是我们这支球队，我们正朝着天堂努力奔跑。

看完之后我调亮灯光，并没有说很多，只有这一句："我们只需要知道，还有最后一件事需要去完成。"我真的很想在奥斯卡提名我自己，奖项是最佳剧本。

我们把最后一场技术动员会放在训练场上，而第二天我们就要赶往老特拉福德。所有人都在那儿，身穿制服，不得不说，与平时比，有点人模狗样，显得更加优雅和高贵。重要人物是西尔沃·贝卢斯科尼，他坐在球队的中心，想成为队伍的一分子。说实话，那个举动让我很动容。我把写着阵型和打法的纸条发了下去，老贝也想要一份。（后来，我在布鲁诺·维斯帕的书里看到这些纸条的内容竟然出版了，老贝说这些是他自己的想法，好吧。谁让他每次在决赛之前总会来到球队给我们很大的精神鼓舞呢。）贝卢斯科尼坐在那儿，听着我对球员们位置的安排，如果我更加了解他的话，我应该知道，他最希望我也给他安排一个

---

[1] 《挑战星期天》，1999年上映。电影从旁观者的角度去看现代体育，揭示运动和信仰是如何与残酷的生活做斗争。主演是阿尔·帕西诺。

主力位置。我当时很紧张，很怕自己说什么愚蠢的话。在准备会的最后，我问他："主席先生，我干得怎么样？"

"好极了，卡尔洛。你以前就很棒，现在更加厉害了。看着吧，我们将会赢得决赛。"

比赛结果也印证了他的话，我们用一个伪装了的"圣诞树"赢得了比赛，让我们这么称呼它吧：有点下流的4-4-2。鲁伊·科斯塔踢右路，而西多夫偏中路，他覆盖全场。在最后一罚之后，我们站在了欧洲之巅，尽管不是每一个队员都愿意去承担最后一球那样的压力。如果我想着罚点球队员的顺序，即使是现在已经冷静的我也依然会是这样：塞尔吉尼奥打头阵，接着是西多夫、卡拉泽、内斯塔，最后一罚，舍甫琴科。因扎吉？人间蒸发了。我们找都找不到他，他就那样躲得远远的。我把他列在第六位，不过都不用他上场了。舍甫琴科是决定性的。很幸运，虽然难以置信，但那却发生了，因为尤文的先发罚球队员甚至比我们的还要糟糕。顺序依次是：特雷泽盖、比林德利、萨拉耶塔、蒙特罗，还有德尔·皮耶罗。就在舍瓦罚球前一秒，我想："让这一切都结束吧。"然后，一切就真的都结束了。在之后的一秒，这个场景我永远不会忘记，整个尤文的队员眼中都充满了迷茫，他们看上去就像一张海报。我很想把这张海报拿下来带回家，可不幸的是，我家里的墙没有那么大，挂不下。无论在什么情况下，亲爱的米粉们，我都感谢你们，为了那个永恒的瞬间。这真是一个巨大的成就。

凌晨4点，我正在吃我的第二碗意大利面，这是队伍的主厨奥斯卡·巴西尼给我做的。凌晨5点，我们每个人都喝到了大醉，都是英国啤酒惹的祸。我们跑到旅馆外面的高尔夫球场开始踢球，泪洒绿茵场。旅馆的工作人员真的很烦，他们试着把我们赶出去，不过他们没有做到。我们是欧洲的主人，在这个魔术般的夜晚，我们还是曼彻斯特的主人。我们需要你们的体谅，我们会尽量小心的，我们甚至都没穿鞋子，以免破坏草地。但是，总有意外。尽管赤着脚，加图索还是那辆"推土机"。他把每样东西都铲了起来，包括球场中的那些球洞。与此同时，加利亚尼拿走了奖杯。他把自己和奖杯锁在了房间里。他抱着那只奖杯一起睡觉。我那可怜的奖杯啊……

第 21 章　卡卡——地球上最厉害的无名选手

老天再一次带来了一份难以置信、美轮美奂的礼物。他的表现，完全出乎我的意料。当你收到一份礼物时，自然是感激的，而如果你死里逃生，更加会感谢上帝。在这儿，我唯一能做的就是感谢这份大礼。那是在2003年的夏天，那份礼物——哦，不，称呼他马丁也许更合适——降落了。他的生活方式简直不属于这个世界，把你的耳朵借给我：很高兴向您介绍——卡卡，绝对的世界顶级球员。在欧洲战场上，他有着神童级的演出。

　　当然，我听到过一些关于这个巴西年轻人的事情，他很有天赋。可实际上，除了他的名字里卡多·伊泽克森·多斯·桑托斯·雷特之外，我一无所知。如果仅仅让我从名字上去猜，我想他很可能是一位年轻的布道者，某种意义上说，我的猜想还不赖，他传播了关于足球和忠诚的福音。仔细去听他说的话，然后你就会体会那种永恒的福佑。当时俱乐部不知道应该立即把他请到米兰内洛来还是继续把他留在圣保罗得以成长。一番考量之后，我们决定加速这个过程，尽快把他带到米兰内洛，这样他就可以和我们一起训练了，也能让我知道将要和什么样的家伙打交道。说实话，我们当时买他根本就是蒙的，依据仅仅是那许多漂亮的承诺以及泡沫一般的大大期望。这么做也无可厚非，不过对我来说，我需要更多的证据。

　　卡卡降落在了米兰的马尔蓬萨机场，我却挠着头皮：天哪，他戴着学生眼镜，发型是那样整洁，干干净净的鬓角，脸上还挂着害羞的神情，这活脱脱就是一个优等生的样子。唯一缺少的就是一个大书包还有一个饭盒。我们到底造了什么孽啊？他连去当一个大学生都还不够格，若是去做一名职业球员就更是相差十万八千里。欢迎来到国际交流生项目，现在让我们去看看，你是不是知道如何带球，如何射门。

卡卡和一般的巴西足球队员没有一点相像之处，如果硬要说，那么或许他和坐落在米兰周边工业区的"耶和华的见证人"那些教徒还挺像。我开始质问周围的人，然而每个人都告诉我："是的，他很有潜力。他是个攻击型中场，不过不是很快。在意大利联赛中踢球，当防守紧密的时候，他的速度会是个问题。"我不会把我线人的名字告诉你们，省得你们管他们叫"答春绿"。

与此同时，莫吉又从都灵扔来了"手榴弹"，每片弹片都有着相同的拼音："他的小名太搞笑了，在咱们意大利，那不就是大便嘛，哇哈哈。""莫吉先生，我们现在不想去上大号或者小号。虽然我知道，在尤文，每个人都有便秘的问题。""我们是三巨头，我们才不会为一堆大便出几百万欧元呢。"他把我们当成了小丑，从那时候开始，我心里禁不住暗暗怀疑：也只能等着看看了。也许卢西亚诺对这个球员的判断是正确的呢？他看球员的眼光总是很准确。

我从没见过卡卡踢球，甚至连录像也没看过。所以我很担心，真的很担心。一天，在新闻发布会上，有人问我关于他的问题。比如说，他的天赋，他的球技，他将会带来些什么。他们还想要知道更多：他的兴趣爱好，越细越好，还有他的轶事和未来的发展潜力。对我来说，这真是一个探讨很深的发布会，因为我都没去研究过他呢。对于卡卡，我知道的东西约等于零。看来这次考试，我能期待的就是不及格了。我极尽所能地想含糊其词蒙混过关，把从别人那里听来的故事又重新组合了一遍，有一些是通用的："他有两条腿，穿着有钉子的球鞋，并且是一名有天赋和职业精神的球员。"就是那一类的东西，显然我看上去很傻。

"他是一个优秀的中场队员，可以打更偏向攻击性的位置。也许你觉得他很慢，但是他的性格很好。总而言之，他让我想起了托尼霍·塞雷佐①。"我和塞雷佐一起踢过球，从我听到关于卡卡的描述中，觉得这个应该是比较可行的。我以为拨开云雾见天日了，可是看上去根本没有人相信我说的。这种事经常在发布会上发生：你口吐莲花，意图撒谎，然后每个人，包括和你一起工作的人，都心照不宣地点着头。

最后，在一个大晴天，卡卡来了，准备训练。在我内心深处，我第一件想问他的事情就是："你有没有告诉你老爸老妈，今天你没有去学校？"米兰内洛的保安们有着很充足的理由在允许他进入之前拦下他，并且查看他的驾照。接下来发生的事情却是这样的：尽管因为时差的关系他还显得有点摇摇晃晃，但还是走上了训练场。接着我仿佛听到了教堂里唱诗班的歌声以及那些钟声。他真的是一名老天送来的天才。所以，我很想说："谢谢你，我的老天，真的谢谢你。"

一旦球在他的脚下，他就是难以置信的。我停止了谈话，因为没有词语可以表达我当时的心情，在我的词典里甚至找不到合适的词语去形容他的魔幻。他是真正的高级货，在他作为米兰队一员的第一次对抗中，卡卡发现他面对的是加图索。加图索给了他一个很暴力的肩部撞击，那么大力却还不足以让卡卡失去对球的控制。加图索暗自吃惊，而他那意味深长的表情则给了我们很多的启示。"我去"，加图索用他的方式来证明队伍的新外援配得上这支球队。而他的新队友，带着球，一不小心又奔袭了30码，沮丧的内斯塔，完全不能阻挡这一切。现在，

---

① 托尼霍·塞雷佐，原名叫安东尼奥·卡洛斯·塞雷佐，巴西前足球运动员，优秀的巴西防守中场。

暂停一秒，有些事不对头。给我遥控器，我要看一下回放。我有监控录像，只是忘了而已。我亲爱的莫吉，也许我天生就喜欢狂吃狂喝，但是我还是很喜欢卡卡，非常喜欢。他摘下眼镜，换上球鞋，然后他就变成了一个我做梦也想不到的球员：世界级球员。

每次训练之后，我和加利亚尼都会通电话。我会告诉他这里发生了哪些事情，每件事情的进展又是如何，然后他也会告诉我一些他的想法以及建议。这种对话天天发生，从不曾打断过。那天，我打电话给他："加利亚尼先生，我有一些新闻要和你说。"

"好的还是坏的？"

"好的，不，确切地说，是极其好的。"

"卡尔洛，是不是你要辞职了？"

如果那个时段他好像喜欢和你开玩笑，那就是一个积极的信号。"不，我不会走。一个原因是，我们得到了一个现象级的球员。"

也许他还达不到齐丹的水平，但是也很接近了。他是我执教过的第二出色的球员，而且很明显，他是最智慧的那一个。他理解事物的速度非常快，他脑袋的思考速度比常人要快2倍。当他接球的时候，他已经想好了如何去结束这一波攻势。接下来的每次训练都和第一次一样，第二次，第三次，第四次，第五次，每一次都是奇观，都有一个美好的结局。

我不是唯一被他"吓坏"的人，他的队友也都感到震惊了，每一个人。你可以想象，他们在之前见过多少伟大的球员，甚至连马尔蒂尼也感到无比震撼。这个名字，曾经和范·巴斯滕对垒过。从乌德勒支的天鹅到圣保罗的年轻传道者[1]，卡卡和加图索很快就成了好朋友。他们的

---

[1] 乌德勒支的天鹅代表范·巴斯滕，因为他来自荷兰乌德勒支，而天鹅也算是荷兰的一个代表词一样。圣保罗的传道者代表卡卡，这里有两层意思。一来，卡卡来自巴西圣保罗，他的形象白净，活像一个传道者或者说书生，而不像一个球员。第二层意思是比喻他在足球场上传道，传播足球艺术的福音。

关系很近，没多久就开始插科打诨、水乳交融，哦，应该说，邪恶的乳和圣洁的水——看上去不可能，但是他们就是成了一对很铁的哥们儿。（为了表明加图索的个性，我需要说的是，有一次他在米兰内洛，训练中活活吞下一只蜗牛。）

在过去的几年中，剧情总是差不多。卡卡跑向加图索，加图索跑向卡卡。他们好像远远就可以看到对方，然后不可避免地越走越近，就像西部片中两个决战的牛仔。也许没有藏在枪套中的手枪。他们的决斗是从相互捉弄对方开始的，通常，里奇是第一个开口的："你这个粗俗的南方佬。"加图索并不回答，只是在他后面追着，然后抓住他，挥着手直接往卡卡脑袋上就是重重一巴掌。自从卡卡来到米兰，他至少被扇了一千次。换一个普通人，早已经头昏眼花了，但是卡卡不同，他正常的地方只体现在教养和外形上。不然的话，他又怎么会老是那样去挑衅加图索，我估计其他人就算想一想这种情况都会觉得很糟糕。

当我第一次见到帕托踢球的时候，也给了我很深的印象，但是和卡卡留给我的则不同。对于帕托，我有一个逐渐认识的过程，而卡卡，则是天空中突然飞来的一支冷箭，那样突然，却又完全征服了我。对于帕托，我感到惊奇的是他那飞一般的速度，几乎是足球场上的百米飞人。而卡卡给我的震撼则是全方位的。我的上帝啊，你怎么就把这样一名天外来客送到了地球上。从他来的那一天开始，他就完全颠覆了AC米兰，我们仅仅花了800万欧元，真是太便宜了。

很明显，一开始我们的战术是：通常情况下，鲁伊和里瓦尔多控制着球，但是这影响了球队的速度。而现在我们这部机器运转飞快，远远快过之前的设计。卡卡是那样富有活力，尽管在2003—2004赛季的欧冠中，我们在一场灾难般的比赛中被拉科淘汰出局，但是意甲联赛，我们基本上没有对手，轻松得像在公园里散步。我们取得了意甲冠军，很感谢这名我甚至从没听说过的球员。有一件事，卡卡永远不会原谅我：

"教练，我想问，你把我比作塞雷佐的那天，是不是疯了？"确确实实，两名球员完全没有共通性，但是那天在记者招待会上，我又怎么会知道？地球上其他的那些顶级强队都曾经追逐卡卡，即使是现在，我还是要说：在地球这个轨道上，再也没有和卡卡一样的球员。那些酋长们想要他，皇马想要他，还有切尔西。他是人人渴望的目标，不过也正因为这样，他现在，贵，特别贵。

当卡卡加入米兰后，他立即帮助我们赢得了意甲冠军头衔。而加利亚尼也开怀庆祝，不过这次他并没有把联赛奖杯抱着一起睡觉。他把他的心留在了曼彻斯特，他永远不会忘记那一夜对着欧冠奖杯的激情，因为，欧冠远远比其他任何冠军都重要。这个世界上也许只有一类人会不同意我的观点，而那一类人，根本就没能力去赢得那个奖项。

第 22 章　伊斯坦布尔的真相：跌倒是为了崛起

2005年5月25日那个夜晚，伊斯坦布尔阿塔图克体育场内的更衣室中充满了兴奋。那是让人愉快的半场。欧洲冠军杯决赛的上半场刚刚结束，我们3∶0领先利物浦，我们踢着完美的足球。马尔蒂尼进了一个，克雷斯波进了另外两个，骑士们正走在荣耀之路上。只需要另外一个45分钟，我们就会变成欧洲的冠军，这将是这个赛季的最顶点。把欧冠奖杯拿过来，我们要把它带回家。晚上订一个餐馆，带着我们的"新女友"。队员们一个个开始大喊起来："来吧，我们会赢得这场比赛。""走吧，同志们，我们正在将梦想变成现实。""我们会赢，我们会赢，我们会赢。"

他们拍着手，鼓着掌。我们并不是在数有多少只鸡仔，而是在相互鼓励，充满积极的力量。当时就是那样，在旁边另外一间小小的更衣室里，被我送上看台的队员们已经在球衣下面换上了冠军T恤。我们的胜利——是的，但是，还未真正赢得。

更衣室的气氛瞬间点燃，而又不缺乏冷静，一切看起来都很正常。AC米兰，已经准备好了香槟的泡沫。所以我让他们适当发泄，而后又持续了几分钟的鼓掌，然后我告诉他们，要冷静下来："看，你们的对手是英国人，所以不到最后一刻，永远不能放松。我们一定要小心。确保在下半场的开始阶段不让他们控制球场。我们不能，也不应该自毁长城。让我们去掌控球权，掌控整个比赛。加油，加油，米兰！"那就是当时我的讲话，一字不多，一字不少。

那个夜晚，利物浦开场只有一个箭头，巴罗什。所以当下半场开始的时候，我想西塞应该要上场了。不过事实并非那样。拉法·贝尼特斯正在运用奇怪的战术。事实上，下半场我们还是一如既往地表现出色，几乎就要打进第四个球了。然后，不可预见的情形发生了：6分钟的不知所谓。不可能变为了可能。（用了阿迪达斯的宣传口号）这也是为什么我总是讨厌这句宣传口号的原因，因为那个晚上，这句话在我们身上可怕地灵验了。我们自己，是我们心中最大的噩梦。我手上的秒针和时针开始走向反方向：女士们，先生们，接下来是我们的灾难时刻。我们一头撞进了英国作家描写的梦中世界，并且，走得非常远。如果我们当时下赌注，赌我们输得话，那么我们将会变得更加富有。比分牌：3∶1，3∶2，3∶3。我简直不能相信。这怎么可能发生？我的大脑陷入瘫痪，根本来不及反应。我愣在那里，没有任何知觉。谁还能对此有什么感觉呢？就在短短360秒之内，命运改变了比赛的走向，180度大转弯。结果完完全全变了，是那样冷冰冰，希望越来越少。这就像家里的电灯坏了，但是你却没有时间去更换灯泡。一切来得太快了，快得没有时间让人躲到遮蔽处。我们的命运就那么垂直掉落，不可更改。虽然不愿相信，但那都是真的。

人们常常问我，利物浦反扑的那段时间我到底在想什么。答案很简单：什么也没有想。我的大脑一片空白，即使最深处也一片虚无。我尽我最大的努力去集中精神、去思考。我们进入了加时，总算又开始踢和之前一样的足球了。我们试着去相信我们还是那支队伍，那支可以打败也必须打败利物浦的队伍。尽管那时士气低落，我还是希望能驱散他们的挫败感。直到最后一分钟，舍甫琴科还差点进球，只是杜德克做出了一个奇迹般的扑救。安德烈头球攻门，我们甚至准备好了庆祝这次甜蜜的胜利，然后，那个守门员却正好阻挡了那次射门。安德烈接球补射，杜德克再次扑出……就当他刚从地上爬起来的时候。角球！我去！就是在那时，也就是那一次，我见到了鬼魂，从此再没见过。我的大脑重新开始工作，试着整理出一条完整的核心思路："看起来不妙啊。"

与此同时，比赛进入了点球决战。我看到队员的眼神中，有些事情并不对头。他们的思想包袱很重。要去罚点球之前这并不是一个好的现象。在那一刻，说真的，我觉得我们的比赛结束了。试着去看一下我们的罚球队员们，他们可比在曼彻斯特那次好多了，分别是：塞尔吉尼奥，皮尔洛，托马森，卡卡，还有舍瓦。当我看到杜德克跳起奇怪的舞蹈并试着让我们的队员分心的时候，我想到了我自己在罗马队的时候，点球大战负于利物浦。那会儿是格罗贝拉尔站在球门线上，他给了世人一个深刻的印象：一名极其兴奋的芭蕾舞演员。两个人做得一样好，他和杜德克。赛后的更衣室里，我几乎没什么可说的："从精神上来说，我们已经赢得了那场比赛。如果我们做得足够出色，那么有一天我们将卷土重来。"

我再也没有看过那场比赛，而且，以后也永远不会。不是因为那场比赛带给我的痛苦，只是因为，有什么意义呢？我觉得没有必要再去回顾那场比赛。现在我把那场"伊斯坦布尔惨案"看成和其他比赛一样的一场普通输球而已。我的失望已经减轻了。在所有队员中，克雷斯波也许是最耿耿于怀的一个，因为他从来没有赢得欧冠。在那个晚上，他觉得是时候了，当他射入一球然后又是一球的时候，这种感觉开始慢慢滋生。看看他的付出，他的天赋，他真的配得上一份沉甸甸的肯定。直到今天，他依然感到痛苦，因为他并没有举起大耳朵杯，他比任何人都配得上这个奖杯。

克雷斯波刚来米兰的时候，人们都觉得他是具死尸，可是赛季结束的时候，他是一名英雄。他取得了巨大的进步，各种赞誉接踵而来。当我们在夏天从切尔西得到他的时候，他是这样一个男人：一点没有球员的样子，慢吞吞的，很压抑，怎么看怎么不像一名足球运动员。到现在我还不明白，切尔西对他做了什么。他甚至不能射门得分。直到11月份，他才在意大利杯中取得第一个进球。之后他疯狂地训练以求恢复状态，然后，就在赛季的最后，他成功了。是的，克雷斯波老了，但是，在曾经的帕尔马，他是那样拉风。他是一名让我为之骄傲的学生，我很要好的朋友。

郁闷榜中排第二名的是加图索，在和利物浦的比赛之后，他甚至都准备好离开球队了。他心里的潘多拉魔盒被打开了，把他无止境地吸入到黑暗中。

然后我们聚在一起，开始总结。尽管，这花了相当长一段时间：要不是那弱不禁风的防守，我们早就凯旋了。事实的确是那样，但是我们却不能说出口。我们怎么也想不到会发生那样的逆转。所以我们做的第一件事就是把我们自己破碎的心、破碎的队伍重新组合在一起。那是我从来也没遇到过的复杂的问题。就是在那个时候，我重新找回了我的硕士毕业论文，从考文齐亚诺大学毕业后，我才完完全全变成了一名值得信任的、第一流的足球教练。我翻阅纸张，直接找到了关于心理的那一个章节：

如果比赛的结果让人失望，那么运动员会开始觉得不再有那么强大的热情，他有可能开始质疑，过去那些日子他付出的努力是否值得。而教练则应该忠于他自己的想法，当然，这需要俱乐部的支持，一定不能左右摇摆。他需要坚定信心，决不妥协。最最重要的是，他需要意识到，有那么一群球员正在他的领导下，一起证明他的选择和决定是对的。如果你很确定这些球员是站在你这一边的，那么这时候，你就需要把那些一定要做的事情进行到底。

另一方面：千万小心，记得要避免在追求你想要的结果时不惜付出一切代价，因为那可能会引起球员的焦虑。如果你想维持那样高水平的表现，这样做无疑是有害的，而且大大减小了球员们的"产量"。如果这个群体顺利克服了这一系列的困难，那么他们会变得更加紧密，心理上更加强大。到那时，作为教练，你心里很清楚，每个球员都是那样团结，富有动力，还有决心。当你在一群人中可以感觉到这些特征，那么你的工作将不会那么辛苦，而且结果将会变得更加美好。

也许我的写作水平不高，但是很明显，这些关于危机中的球队的处方我很了解。失败乃成功之母，要么你们团结一心，齐心协力，要么，你们就各自散去。

心理重建的过程是很漫长的，也许比我们想象中的更长，它整整花了我们2005—2006年一个赛季去完成。在那一年，我们没有赢得任何奖项——对于我们这群人来说，那很不平常，甚至之前我们从不曾经历过。既然说到这儿，那我就来和大家阐述一个你们很感兴趣的话题：也许阿尔贝托·吉拉迪诺状态的下降，正是因为他加盟的时候正好处在我们这支队伍心理的最低谷。阿尔贝托的个性或多或少有些脆弱，他想加入的球队并不是当时那样（陷入重重苦难）的米兰，他被接二连三的压力给压垮了。

无论如何，我们在严酷的考验之后，变得更加强大了。也许我有点疯了，但是我认为，在伊斯坦布尔的失败并不都是消极的。它也有它存在的理由和价值。我们已经准备好了重新起航。全体队员，手牵着手，一起走进了风暴的中心。而这个风暴就是意大利的足球丑闻：假球案。

第 23 章　一位没有耐心的"匹诺曹"

那只鼻子，长得让人惊叹。在2006年的夏天，"匹诺曹"已经和我们达成了一致，实际上，他已经是AC米兰的一员了。我们甚至已经连队服都准备好了，准备好迎接兹拉坦·伊布拉希莫维奇。他是一名完美的射手，从对门的尤文图斯转会而来。对于他和球队而言，这都是一个双赢的选择。他将是我手中一件强有力的武器，也是一枚能够留住卡卡的子弹。脑海中，我已经准备好了执教他，他会是我们这棵"圣诞树"顶端那枚灵活的棋子。

　　问题是，伊布缺少那种耐心等待的性格。心急吃不了热豆腐，而且马西莫·莫拉蒂出价更高，所以又一个世界级的球星去了国米。这件事让我很失望。这是"电话门"丑闻的第一枚毒刺，除此之外，我更需要一件"黄金圣衣"去帮助我处理接下来发生的事情。在2006年的夏季，伊布是我们主要的转会目标，但是在那时我们不知道下赛季球队将会在甲级联赛还是乙级联赛踢球。作为伊布来说，他当然不想自贬身价去打乙级联赛。所以我们要求他多给我们一点儿时间，直到这个问题水落石出。然而很明显，他并没有给我们一点点多余的时间。他改变了计划，也改变了颜色，只有城市依然是这个城市。太糟了。他一直想赢得冠军杯，而我们本来可以在一年以后给他戴上一个奖牌。

　　旧的不去，新的不来。后来一个"新援"安慰了我受伤的心——他就是调查官奥利奇奥，那段时间伟大的"发现"之一。每一天我都在报纸上读到新的爆炸性的信息，也许观点会变，但是结果往往更加糟糕。

米兰将会打甲级联赛，米兰将会在乙级，甚至可能去打丙级。米兰不会被判罚，米兰将会被判罚。米兰将会去打冠军杯，米兰将会被剥夺打冠军杯的资格。米兰有罪，米兰非常有罪。[①]在那会儿，我对任何事情都已经有了心理准备，甚至报纸还披露加利亚尼派人暗杀了肯尼迪总统，感觉世界末日真的来临了。

有一天我和一群朋友在家里，我们正在谈论当时发生的每一件事。我说真的很神奇，警察竟然还没有找我。他们已经询问了每一个他们能够想到的人。说曹操曹操就到，我的电话就在那一刻响起。这个电话号码并不在我的联系人中，未知来电，你知道，很典型的恶作剧的手法：

"嗨，这是罗马警局，我是调查官奥利奇奥。"

"我去，你想来调戏我？你是谁？"

"先生，请相信我，我说的是实话。我真的是调查官奥利奇奥。"

好吧，奥利奇奥，听上去就像某个芝士的牌子。"好吃好吃真好吃，奥利奇奥芝士，味道靓又正，身体健康康。"

"哦，我亲爱的芝士先生，你可以继续跟我在这儿耍心眼。"

"我叫奥利奇奥。"

"哦，对，当然，奥利奇奥先生。但是你的名字真的有点过于可爱了。我很确定，这是一场恶作剧。"

朋友们都在那儿，我正试图弄清楚是谁安排的这个匿名恶搞电话。"听着，安切洛蒂，我现在很严肃地告诉你，我们需要谈一谈。"

"那当然可以，不过，你先要让我知道，你到底是谁？"

———————————

① 当时意甲出了"电话门"事件，AC米兰是受到影响的队伍之一。报纸、杂志等媒体每天都有新的猜测，一会儿说米兰可能降级，一会儿说米兰会留在甲级，一会儿说这样，一会儿说那样，这些都是当时每天新闻报道的标题。

"我就是奥利奇奥。"

"你又来？我听到你说你是奥利奇奥，我要说的是，你到底是谁？"

"我从罗马警局打电话给你！"

"这他娘的是什么？一个坏了的留声机？如果你真的是从罗马警局打给我，那么请你发给我一个正式的通知，哪怕是用无线电。"

"安切洛蒂先生，意大利警方在'二战'之后再也没有用过无线电。"

"听着，芝士先生……"

"请叫我奥利奇奥。"

"好，好，奥利奇奥，你可以在这儿胡言乱语。不过我想要的就是一份能够证明你真实身份的材料。这样吧，你送一份传真到我家乡的警察局，然后让他们和我联系。"

我把地址告诉了他，但是称呼只是写了"你"，而奥利奇奥先生却坚持要用"您"这个称谓。有些事真的难以理解，如果这是一个恶作剧，那么真的有点过了。

"安切洛蒂先生，你是一个公众人物。我们很想把这件事私下解决，让它无人知晓。这是为了你好，请在两天内到罗马警局报到。"

"为什么我要去罗马？你挂不挂电话？你到底想要干吗？还有，你到底是谁？！"

"我是奥利奇奥。"

我们的对话听上去就是驴唇不对马嘴，或者，就是两个"边后卫"之间的对话，好比现在匹诺曹在国际米兰训练一样。

"听着，安切洛蒂，这样吧，我会在两三天之内再打电话给你。"

"随你的便。"

"那再见了，安切洛蒂先生。"

"再见了，芝士先生，反正随便你妈给你取了什么名。"

那个可怜的警察兄弟因为我的原因，陷入了身份信任危机。我越来越确信这是一个恶作剧，部分原因是，他打电话给我的时间段也太巧了吧。他来电时恰逢我和朋友们在谈论调查的事情。因为好奇心，我开始一个个地问那几个家伙。最后弄清楚了，那通电话真是调查官奥利奇奥打来的。

更坏的消息是，他是个大人物，是这次调查的主要负责人之一。我瞬间就想象起来：我戴着手铐，罪名是在警方办案的时候侮辱对方。从米兰的教练席板凳上稳稳当当地转移到了圣·维托瑞监狱的板凳上。好处就是那里的板凳也许再也不会摇晃了。

最后，我去了意大利宪警那儿。刚进去，一名头发又短又黑的年轻人在那儿等着我。这就是他，那个芝士的原型，唯一且独特的检察官奥利奇奥。不过说真的，他是个好青年。

"很高兴见到你，我是安切洛蒂。"

"我也很高兴见到你，我是芝士。"

"芝士？"

"哦，我说什么来着？我是奥利奇奥。"

我们互视片刻，接着大笑起来。然后，每件事都开始严肃起来，我最痛恨"严肃"这两个字。他陪着我走进了一个房间，那里坐着调查官纳尔杜奇和比特莱斯。他们那边有3个人，而我这一边却只有我自己：就像旧时学校里的答辩一样。他们是教授，而我则是一名学生。或者说，他们是3个审问者，而我是询问对象。就因为我知道很多事情的细节，但不代表我什么都可以乱说，因为那样我可能会因为做伪证而被捕。

我必须实话实说，而我也是那么做的。尤其是，当他们问我在尤文图斯的时候我是否知道莫吉和裁判员之间的那些黑幕。我还听了一份莱昂纳多·米尼的窃听录音带，他是米兰的裁判沟通员。在米兰和锡耶纳的比赛之后，他当时正和助理裁判谈论着舍瓦被取消的那个好球。在那段对话中，米尼抱怨了我们的遭遇。在某个时段，他说道："安切洛蒂现在和我一起在车里呢。"这也就是为什么我需要和检察官们坐在这里的原因。一个小时之后，他们让我离开了。第二次问话是在联邦调查部门举行的，地点还是在罗马，过程非常无趣。我离开的时候就已经有了清晰的概念：他们会毁掉米兰。他们对我的态度那样粗暴，他们对米尼采取了很有压迫性的质问（直到现在米尼和我还是很要好的朋友），他们尽可能地在这些裁判员和俱乐部之间建立一种直接的联系。他们就好像因为这些所谓的证据就一致认定我们有罪。我很清楚那些质问我的人的想法：米尼打了这些电话的目的就是为了保护AC米兰。这样我们就可以免去那些经常发生的偏哨或者黑哨。而从另一方面来说，根本没人承认他们做了什么违法或者丑陋的事情。我知道我们没有做过什么错事，但是却依然受到惩罚。我和加利亚尼谈论了很多，他显得很沮丧，俱乐部的公众形象可能要毁于一旦。当时的情形让他出离愤怒。为了安慰他，我说："无论发生什么，我都留下，即使我们降级。"而我的队员们也都有同样的决心。

最后新赛季我们从−8分开始，欧冠也需要打资格赛。即使今天，我还是相信，米兰是那种可怕的、根本没有公正可言的判罚的受害者。如果我们把画面切到从前，然后近距离地去检验那些联赛冠军争夺战中重要比赛的判罚，相对尤文来说，米兰根本没有得到一丝一毫的好处。如果要说，那恰恰相反，在我们和尤文的直面对抗中，我们总是吃亏的那一方。有一次在都灵，裁判员贝尔蒂尼拒绝判罚两个非常明显的点球，还有卡卡被侵犯之后，他明明依然有很好的机会攻破对方的大门，但是裁判却吹响了哨音。当时我们3打1，但是他却暂停了比赛。或许当时我们是3打2，如果算上裁判员的话。那个时候，尤文系的人真的太过分了，简直就是犯罪。

意大利队，世界冠军。而夏天发生的假球案是一段可怕的回忆，把我们的名字抹黑。意大利的三色国旗，尽是泥泞。对于米兰来说，在欧冠预选赛中的对手是贝尔格莱德红星队，我们需要集训和准备。所以，我不得不打电话给所有的队员，让他们提早归队，包括那些刚在柏林和法国打完世界杯决赛的球员。

我还记得我和因扎吉的谈话："皮波，不好意思，但是你必须要回来，我们需要你。"

"好的，教练，我马上就赶回来。"

他真的"马上"就赶到了训练场，实际上，皮波就像一道光般迅速地投射在了训练营。他给每一个人都树立了好榜样，甚至，也包括那位"匹诺曹"先生。

第 24 章　马耳他协定？无稽之谈！

他，那个被世人熟知的、杰出的沟通帝，发布会的"上帝"，情感的煽动帝。他，"特殊的一个""从不会被质疑的一个"（尽管人们质疑他带领切尔西时在欧洲冠军杯的作为，但是他似乎不准备给我们解答），已经在此刻和我们一样，沦为凡人。当可恶的2006年夏季结束的时候，后来作为隔壁教练的他，的确可以根据我们的状况，然后用他的葡萄牙口音发表一句感言：AC米兰，零冠军。是的，那一年，没有冠军，没有头衔，没有一点点战利品。

事实上呢？我们却准备好了朝下一个目标进发。为了打欧冠的资格赛，我们草签下了丹尼尔·博内拉，只是后来发现他已经不能代表我们参赛了，否则的话，这会是一笔很好的买卖。和以前一样，队伍有一点点老，但是身体状况却很好，尤其是卡福。他让我惊呆了。他在打红星之前的3天才在米兰内洛出现，但是他的身体状况棒极了。每次他从巴西度假回来，都看上去像涅槃重生过一样，从头至尾都年轻了。我实在不知道他在假期里到底做了些什么，不过我也不确定我到底该不该知道。我们主场赢得了胜利，然后客场再次取胜。我们晋级到了正赛，没有我们，欧冠不是缺少了一丝成色？而我们要是缺少了欧冠，不也缺少了一丝成色？

那段时间，我同时执教着两支队伍：表面上我训练着米兰，在心底还时刻注意着利物浦。两支队伍牢牢扎根在我的脑海中，我想把两支队伍一同带到希腊的决赛场上。过去的一年半中，我们先是被利物浦、后是被"电话门"深深打击，但是又勇敢地晋级到了欧冠的小组赛。从一开始，我就已经幻想着雅典了。在和雅典AEK队的客场比赛中，我说出了我的想法。

当时是在奥林匹克体育场的新闻发布会上，我说："我将在这片球场上取得最后的胜利。"我记得有一两个年长些的记者——就是那种他们自以为懂得比其他人都多，但实际上恰恰相反的那种——看着我，就好像我是从乡下来的白痴。事实上，为了欧冠冠军的目标，我们又努力奋斗了好几个月。联赛中，我们几乎马上就放弃了：从被判-8分开始，那真的是太难了。而在欧洲冠军杯中，我们显得很慢，打出来的比赛也不赏心悦目。最终在小组赛后，米兰力压雅典AEK、安德莱赫特和里尔，取得了小组头名。我们晋级到了淘汰赛，但是外界并不看好我们。在11月份和12月份的时候，他们已经判了我们死刑。零冠军，零冠军。

事实是，队伍的"引擎"就快要没机油了：在那个夏天，我们没有时间去进行系统的训练，这让我们脚步沉重，球员们在场上表现不佳。我们盼望着圣诞节的到来，这样就能够停下比赛，给身体充电。而当时有一条好消息：利物浦还活着。他们还在赛场上拼搏，还在为大耳朵杯努力，就和我们一样。每一件事都和我计划的一样——事实上，这是命运的计划，而不是我。很明显，如果我喜形于色的话，我的教练席会变得风雨飘摇。加利亚尼已经打开了笼子的大门，松开了链条，而里面关着的是一只他的猴子——他自己监工。①

压力之下，冬歇期到了。俱乐部决定把球队带到马耳他去训练：

---

① 当时的情况是，米兰境况不佳，安切洛蒂的帅位处在风雨飘摇中。而加利亚尼的心里也有自己的小算盘，如果战绩不佳，加利亚尼不得不辞掉安切洛蒂。他的猴子暗指加利亚尼的心思，但是这个换帅的心思是他自己监控的或者说某种程度上是加利亚尼自己可以掌控的，所以说他自己监工。

"至少你们可以在那儿把身体练好。"果然，整个队伍都重生了，我们开始轻快地挪动脚步，看上去就像一支全新的队伍。而在此之前很久，人们就开始谈论马耳他这样不好那样不好。真的那么臭名昭著？不，我想它从来就不曾那样。我甚至都不明白，人们所说的不好到底是哪里不好。

所有的报纸都千篇一律地写道："马耳他协定，米兰重获新生的秘密。"这些文章真的让我都有点不明所以。我很担心，所以就问队员们，怕他们有事没有告诉我："你们没有什么暗地里的协议吧？"他们都被弄糊涂了，以为我得了老年痴呆症。真相其实很简单：我们都用心工作，比之前几个月都更用心。利物浦身上也发生了同样的事情：这是另外一条好消息。我询问着周围的人，也紧跟着新闻消息，追踪他们的比赛状况。红军万岁！

与此同时，加图索丧失了理智，而这都是卡拉泽的错。加图索的生日是在1月9日，就在他生日前的几天、一次训练的开始前，卡拉泽让我们所有人都停下。他试着要发言："教练，不好意思，我有些话要说。这很重要。"

"没关系，你说吧，卡拉泽。"

"离加图索的生日只有3天了。"

也许他想着我们会有所表示，但是我们却假装好像不明白他在说什么一样。那一晚，晚餐的时候相同的事情发生了："不好意思啊，同志们，我有些话要对你们说。"

"说吧，卡拉泽。"

"还有两天14小时，就是加图索的生日了。"

队医们看上去比我们还要着急，想要发表点什么。他们原本站在那儿，穿着干净的紧身衣，让人印象深刻，但是我们让他们别动。第二天早晨，同样的事情再次发生。卡拉泽举起手，我示意他说吧，"还有两天就是加图索的生日了。"

可怜的卡拉泽，老年痴呆症是一件可怕的事情，尤其是发生在这样一个年轻人身上。队伍都开始大笑起来，而加图索则开始大发脾气。他觉得他是被嘲笑的目标。倒计时一次，一次，再一次，直到1月8日晚上："孩子们，还有3个小时就是加图索的生日了。"那个时候加图索绝对是费了很大力气才控制住自己的脾气。他很想把卡拉泽活生生打成残疾人。最终，1月9日来临了：一点表示也没有，零。没有人说一句话，好比黑夜中的沉默。所以我决定开口了："卡拉泽，你不借机来和我们坦白一些事情？"

"我没什么好说的啊。"

我用眼睛的余光看到了角落里的加图索，他就像一颗开始计秒的定时炸弹，随时都可能爆炸。他尽量控制着自己，而且努力让自己相信他会是最后的胜利者。1月10日那一天，在训练营的午餐时，卡拉泽来到了我的身边，脸上净是沮丧。好像有一些很不好的事情发生了，所以我也走向他，满怀关切地问："怎么了？发生什么了？"

"是的，教练，这回离加图索的生日还有364天了……"

咖啡厅里炸开了锅，我们真是一群表演天才。加图索立即开始追他，狠狠地揍了他几下，我想也就是在那时卡拉泽开始察觉到他的膝盖开始咔咔作响。如果这时候有人去和一些记者谈论卡拉泽，尤其是那些不懂装懂的老记者，那么他们将会在伤病这一块儿再一次犯错。这是他在马耳他的爆裂（指膝盖），而非马耳他的协定。

要我再说一遍就是，从来不存在什么马耳他协定。尽管如此，在那段时间，我开始接收到队伍发出的积极的信号，或者说是从米兰和利物浦这两支队伍那儿。通过每一件这本书上写的事情，我想表达的是：我们所受的那些判罚都是不公正的，对于那些盘旋在米兰内洛上空的坏鸟们，我真想揍你们。但是我的思想是无畏的，所以一些想法的产生也就更加顺理成章："孩子们，别紧张，我会带着你们去打决赛的。"

那是在1月份，我却已经在想着雅典。同时，马西莫正在考虑是不是需要退役，因为他再次受伤了。他的精神状态是那样低落，甚至需要跑到地球的另外一端才可以找回那份自信。我们不得不对他进行心理重建项目，旨在改变他的想法，告诉他，他有多重要。这件事对我们来说很重要，对利物浦来说也很重要，对每一个人来说都很重要。

我脑袋中，有一个清晰的完美阵型去帮助我们赢得冠军杯，而他是那个阵型的一部分。"只有你在，我们才能获得胜利。"我这样告诉他。他当时唯一不对我大喊"滚你妈"的理由只是他是一个讲礼貌的好少年。他还是在进和退的边缘徘徊。于是我又说："马西莫，我没有开玩笑，在一些比赛中，我不能让因扎吉和吉拉迪诺同时上场。那样我们会变得很不平衡。我想把旧的圣诞树扫入垃圾箱，但是这需要你才可以应用新的想法。这就是我要说的。"

我的想法：加图索、皮尔洛和马西莫在中场，而卡卡和西多夫则作为攻击型前卫，再有一个射手顶在最前端。没有古尔库夫的位置，他很有天赋，但是也有点神经质。他是一个非常非常奇怪的年轻人，有点太以自我为中心：大多数时间他只想到他自己。他有着无限的潜力，但是他只为他自己服务。球场下，他是一个麻烦制造者，不过那从来没有影响我的决定。因为很简单，他不知道怎么样在团队中协作，和他形成鲜明对比的是马西莫。长时间的休养之后，马西莫在一场意大利杯中重新出场，但是又感到了大腿的疼痛，于是他再次陷入一种深深的绝望：得了，我不要再这样了。我要离开球场，我真的不能再忍受了，我不能这样子踢球。

队医很困惑，他把我拉到一边，耳语道："看，他没事，我能够判断出，他的腿并没有问题。"

所以我和马西莫又有了另外一次交流："礼拜天，我们将和拉齐奥打一场很关键的比赛。医生告诉我，你患上了忧虑症，不过你却说你的腿不舒服。所以，不如我们这样。我要你去球场里踢球，你只需要尽可能去踢，一分钟，两分钟，10分钟或者30分钟。如果你真的哪里又伤了，那更好，因为那样我们可以对症下药，我们也会知道，你所说的腿不舒服也是真的。"然后发生了什么？他占领了球场，没有一点点问题，然后再次开始感觉到事事顺心（或者，应该是继续感觉到事事顺心吧）。

每一块拼图都开始嵌入相应的位置，我也越来越确信，我们将会出现在决赛场上。换而言之，零冠军？见鬼去吧！

第 25 章　一场完美的比赛，却已预演在前夜

2007年的冬天，希腊就已经在我们的"视野"之内了。重要的是，你需要耐心等待。1月的转会市场上米兰从皇马带来了罗纳尔多。于是我们按了暂停键，开始欣赏这个神话，这幅活着的艺术品。他年轻、开明、大方、敏锐、谦逊，还带有一些害羞。和每个人想象中的他截然相反。只有一件事，没有什么东西能够让他到球场去好好训练，否则他必定会取得更大的成就。这真的让我有点生气。我从没有见过一个像他这么厉害的射手，曾经的罗尼，现在依然无敌，他是智慧火花的结晶。

　　他刚到米兰内洛的时候有一些超重，所以至少在最开始，他训练很努力。他很想减去一些体重，不过即使在那时，我们就已经不能完全让他达到我们所预想的训练强度了。他曾经有着无与伦比的天赋——任何一个人都不曾有过的——而他相信这些就能够让他变回当初那个罗纳尔多。事实证明，他想错了。我们需要他在之后的几个月发挥重要的作用。我告诉过他这一点，他的左耳也仔细倾听了，不过，立马又从右耳溜了出去。他来之前我们就考虑到，这会是一次很大的赌博。他一度和我们站在一起，和大家往同一个方向使劲。然后他好像就放弃了，因为他又开始进球，而进球让他变得懒惰。自那一刻开始，情形就不是最美妙的了。他先堕落，然后米兰也跟着变得随意。

　　罗尼就那样躺在故去的功劳簿上，那真可惜，因为他还有着巨大的潜力。我本来对他成为这个星球上最出色的球员很有信心，他有着将梦想变为现实的一切条件，除了一样事情：脆弱的决心。一开始，我们在一起雄心勃勃，但是一旦他开始显示他的与众不同之后，我也累了，不想再继续硬推着他前行了。生气是没有意义的，所以我想："好吧，下一年度我们再重新开始。"不过事后证明这是不可能的，因为伤病横插一脚。第一次，第二次，接着又是一次，直到他在巴黎进行的那次手术。只要他再努力一点点，就可以取得更高的成就，甚至成为这个星球上最伟大的球员。

不过我必须要说，在更衣室里，每个人都很高兴见到他。我听人们说过，在米兰，如果要引进一名重要的队员，通常老队员之间会有一个投票。那并不是非常准确，不过也和真实情况差不多了。当引进一位有分量的队员时，我们会让这些他未来的队友们发表一些意见，但并不是这些队员们来做最终的决定。队员们没有投票权，但是他们有权利说出他们的看法。举例来说，波尔森，远在加盟尤文之前就已经在米兰进行了体检。他在更衣室里并不是那么受欢迎，不过，这不是我们最终没有引进他的确切原因。只是因为他的脚踝有问题，队医亮了红灯。而安东尼·卡萨诺又是另外一个故事了：他对我们这支队伍不是那么有帮助。

在1月份的转会窗口，和罗纳尔多一起来的是马西莫·奥多。拉齐奥的队长是右边后卫的正确人选，可以让卡福休息，也可以让卡福更加紧张。他是我们通向雅典决赛的另外一块砖瓦。

现在情况有点混乱，这些事一直萦绕在我心头：一方面，我关注着利物浦，一方面，我关心着我的米兰；一方面，是意甲联赛，一方面，是欧洲冠军杯。16强中，我们苦战卡尔特人，8强又遭遇拜仁慕尼黑。在主场，我们2：2战平了对手，有些人显得愤怒，有些人则很好奇。加利亚尼则忙着尽一切努力保住我的教练席。事实上，当我们在安联球场打客场的时候，米兰有两个教练：我，还有马塞洛·里皮的鬼魂。他已经和俱乐部达成一致取代我。如果我们在欧冠中被淘汰，贝卢斯科尼将会不假思索地炒我鱿鱼。

在那段时光中，我的队员们（对我）都怀揣着巨大的关爱和同情，他们告诉我"我们与你同在"。他们和有些人显得那样不同。在慕尼黑，感谢安布罗西尼，我们再现了备受宠爱的圣诞树阵型，结果米兰2∶0胜拜仁，甚至皮波还破门得分了：他在右侧底线附近打门，球直挂左侧上角，一次反越位，经典的因扎吉式进球。半决赛，我们又和曼联对阵，而利物浦则和切尔西交手，来吧，让我们决赛见。

首回合在老特拉福德我们曾经2∶1领先过，但是最后2∶3败下阵来。我看上去就像一个傻子一样。弗格森爵士邀请我，你知道的，老规矩，去他的办公室喝一杯，但是我没有去，因为实在很生气。弗格森见状调戏道："哦，安切洛蒂原来你想自己灌醉自己，好主意。"第二回合之前，我买了一瓶上好的酒给他，以作赔礼道歉。这是一瓶图斯堪红酒，大概60欧元一瓶吧，总之就是那样的酒——而并不是像国米送的300欧元一瓶那样贵重。

半决赛的第二回合是一场完美的比赛。我们的球员们好像在魔法世界里踢球，就好比《艾丽思漫游奇境记》①，不过，我们的确是在梦境。激动人心的90分钟，而后，就是荣耀时刻。天气的寒冷让我们颤颤巍巍，我想那是老天的意愿，而这让一切变得更加如梦如幻。我从球迷们那里听来的经典的问题就是，你们怪兽级表现的源泉是在哪里？那难以置信的比分3∶0，卡卡一球，西多夫一球，还有吉拉迪诺。我告诉你吧，一半的动力是源自伊斯坦布尔，一半的动力是在比赛前一晚发生的故事。

---

① 英国作家路易斯·卡罗的作品，讲述了一个名叫艾丽思的美丽少女，无意间在一只戴着怀表的兔子的带领下走进了光怪陆离的梦乡中，在这里她遇到了许多不可思议的人和事。

赛前24小时，利物浦在主场的比赛中对垒切尔西。那一晚，我们竞技中心所有原先的安排都不再重要，取而代之的是一群观众。安菲尔德看台被神奇地搬到了我们所在的意大利小镇，我们这群米兰球员在此时此刻都变成了利物浦的支持者。胜利派对就在我们的会议室，30名饥渴的"球迷"守在电视机前。你永远不会独行，利物浦。我们就在那儿，一群米兰人却包裹着"红色恐惧"。我们大喊大叫支持着利物浦（我庄严地发誓，以后再也不会发生同样的事了），利物浦的队帽和玩具喇叭，都在刹那间纷纷冒出。尖叫一声又一声。唯一缺少的就是大杯的啤酒以及喝酒之后的饱嗝，不然的话，庆祝仪式就是完美的了。事情就和我们希望的一模一样。利物浦实现了决赛之梦。那一刻我们都相互凝视着对方，然后想到了同一件事：我们一定会成功。打败曼联！打败利物浦！我们甚至可以跳过和曼联的比赛，因为命运已经写好了剧本。米兰的球迷们对于第二场和曼联的比赛记忆清晰，因为这，我们才得以对阵利物浦。而球迷们并不知道的是赛前一天，我们就已经在心里打过这场比赛。

雅典，我们来了。我告诉过你们，孩子们，事情最终会和我们想的一样。加利亚尼则在此刻筋疲力尽了，他的手臂酸痛，因为他必须紧紧把持住我的教练席。这种舒坦的感觉直到现在还是有点不可名状。我们知道，欧冠的头衔将会被我们取得，而利物浦则相信他们会夺冠。仅仅在赛前几小时，我还有一丝忧虑，到底谁去场上当我们的射手。我还没有决定，到底是谁去打这个位置，吉拉迪诺或者因扎吉。阿尔贝托当时感觉更加良好，但是，别忘记，皮波，永远是大场面的皮波。即使到现在，有些队员们还是不承认皮波的神奇，一些人曾经不止一次问过我：

"你当时并不是真的想让皮波上场的，不是吗？你没有看到他的身体状况吗？"

事实上，皮波当时已经是"半死"状态了，但是我还是坚信，这将是属于他的夜晚。除了他这个棘手的难题外，每个人都出现了，强烈要求上场比赛，甚至包括那些拄着拐杖的队员。是时候出场了，准备好了从第一分钟开始战斗，直到最后一刻。我选择了因扎吉，而他反馈给我的是两个进球外加一个冠军奖杯。

事实上，我对于那场比赛的过程没有太多的记忆，倒是赛后的场景，我一清二楚。我们在酒店内，边上是巨大的奢侈的游泳池，就在雅典城外。那里有一个派对，大约100人左右，等那些外人离开后，我们到了游泳池边，那里有一个为宾客们服务的小酒吧，类似一个小卖部。我们用了5分钟就把里面的酒喝得一干二净，一滴也没有剩下。威士忌、赞布卡、朗姆酒、贾兰帕、啤酒，统统被一大群球员消灭精光。

有些还没有完全醉的队员们开始打赌，谁会第一个掉进游泳池，当时每个人都冒着巨大的被呛死的风险。大家都已经踉踉跄跄了，但是依然继续着派对。因为我们是欧洲冠军，不过我们还是保持着一定的风度：没有人掉进游泳池，只是都倒在了泳池边上。与此同时，塞尔吉尼奥用手紧紧抱着我，流着眼泪对我说："卡尔洛，你真是我的好爸爸。"

我马上在心里盘算起来，这怎么可能。"你刚说什么，赛鸟，你比我岁数还要大好不好？"

"不管，你就是我爸。"

"不，不，塞吉，我说真的。你这么难看，怎么会是我的儿子？"

"爸，我可找到你了。"

"滚！你让我以后如何面对我真正的两个孩子卡地亚和大卫？"

然后他开始拉扯我的头发，就像一个3岁的小孩子一样。我就不明白了，这群人怎么能赢得了冠军杯？那只可怜的小奖杯再一次被加利亚尼抱着上床了。我想，这大概就是传说中的真爱吧。

不久之后，我们的加利亚尼又有了第二次机会，当我们赢得欧洲超级杯的时候，对手是塞维利亚，而后又是洲际杯（米兰4∶2胜博卡，对于2003年输给他们，这是一次有力的回击）。每一次我们把奖杯留下，对它，就意味着又一个蹂躏之夜，对加利亚尼，就意味着再一次真爱之夜。这也就是为什么每次我们输掉决赛他都会那么生气。

第 26 章　曾经有一次，我和皇马签了约

"皇家晚宴"开始了——皇马人给我端上了"一道主菜"。仅仅是看一眼，就能为自己增加一些分量；若是吃上一口，那么将和历史融为一体。这是一支球队，一座城市，更是一段历史。皇马好像一场电影中的一名帅气演员。穿着白衬衫和燕尾礼服。皇马给了我一份邀请，而我也欣然接受："你们好，我是卡尔洛，我来这儿负责训练你们。"

　　2006年，我接受了一份皇马的邀请，说实话这并不是一个太难的抉择。因为它那样美丽，会是人生的一处风景。那是2006年4月，那会儿米兰还未从雅典凯旋，但是皇家马德里已经认识到了一件事："我们想要你，你是最棒的。"最棒的，这几个字曾经是穆里尼奥的专用词，就好像签了合同般，只属于他一个人。

　　我很想知道坐在普通教练席上的感觉，那里没有大量的震动，更不会让我的屁股左右摇摆。他们一心找到我，而我也很乐意去执教。初步计划是：3年合同，总价值1500万欧元，每个赛季500万，差不多是我当时在米兰工资的两倍。毫无疑问，这是一次大手笔。一些有自己见解的记者已经感觉到了一些事情，并且开始报道，而另外一些记者却只看到了我表面上的一次次否认。他们实在是太善良了。

　　谈判期间，我从没有和佛罗伦迪诺·佩雷斯有过私人会面，不过他千真万确是第一个举荐我的人。他是政界的领袖，通晓任何一件事，除了胡安·卡洛斯[①]，他就是西班牙的第二个国王。他开出了消费清

────────────

① 胡安·卡洛斯，生于1938年1月5日，是1975年至2014年统治西班牙的国王。

单，写下了我的名字，这真是一件让人兴奋的事情。唯一需要担心的就是他们得找一辆超大号的推车来装下我。否则如果我贸然出现在圣地亚哥·伯纳乌球场，那只能希望没有人打电话叫保安来了。

决定性的会晤是在米兰的一次晚宴中，主角是我和拉蒙·马丁内兹，他当时是皇马的技术总监。我们花了几小时去谈论球员以及为何我是他们的第一选择。他说道："我们喜欢你开展工作的方式，也喜欢你对于足球的理解，你就是那个我们梦寐以求的男人。所以，请你让我们快乐起来吧，先生。"他的话既有幽默，又有目标，我觉得很可行。问题只有一个，而且是很重要的一个：我和米兰的合同。我和米兰的合同，虽然和俱乐部的关系有些问题，但毕竟是白纸黑字的合同。"如果米兰放我走，那么我没有问题。我是你们的。有一件事需要强调：我并不想强迫任何一方，最关键的是，我不想和米兰交恶，最起码得先得到米兰的首肯。"直到那时，米兰俱乐部对我的事情都还一无所知。

另一个我对话过的皇马人是何塞·安杰尔·桑切斯，当时皇马的行政长官。他主管合同，并且负责那些重要的决策。每一个人都达成了一致——我将成为他们的新教练。

"安切洛蒂，在接下来的几小时，我们将会往你在米兰内洛的办公室发一份传真。"

"不，听着，我觉得更好的选择是发往我家里。"

是的，那样做可以让我们避免一场恐怖电影：随着传真机里吐出的纸张，米兰的大墙开始变成粉末。然后贝卢斯科尼的画像开始掉落，接着是我的图像，再接着是米兰所有荣誉的照片，以及所有罗森内里的内心。墙面一扇接着一扇地倒塌，互相影响，就好像多米诺骨牌一样。也许需要把每个人都隔离开来，并且召唤一个道士来驱魔才可以。如果这可怕的一幕真的发生，那么甚至连卡佩罗声称的每晚都见到的那只鬼魂都要扯断铁链，现出真身。我百分之百不想发生这样的事情。事实上，他们发了一份合同样本到我家，而在那里，每个镜框，每面墙都还好好的，我的看家犬护卫着它们。我家狗狗的名字叫内尔森（任何有关迪达的猜测都是完全没有道理的，因为是同名）。

一共是6张纸，很简单，除了抬头之外没有皇马的字样。从这方面来说，他们做到了所有答应我的事，真的是每一件事。虽然我并没有要天空的那轮圆月，但是，也已经在慢慢靠近了。皇马人做了他们所能做的。我对他们的信誉从来没有过一丝怀疑。他们很可靠，这一点在最开始我就明了了。我签了我的名字，并且又发回去。我坐在传真机旁静静观看，它吞噬着纸张，就像一个饿坏了的孩子。我甚至可以想象到一切完成后我高兴的样子。

在那份草签的合同的最下角，有一行话，是我坚持要加上的一项条款：这份合同只有在米兰同意的情况下才算真实有效的。这里还有一个很重要的步骤没有完成。那一刻，我成为了自己的代表，我打电话给加利亚尼，声音很严肃，并不像平时的我。我力图简单明了地诉说："加利亚尼先生，我想见见你。"

"随时恭候，安切洛蒂。我在图拉蒂大街的总部办公室那儿。"

那里，是加利亚尼的"主场"，有着一切他熟悉的动作，甚至知道，到底谁将是他真正要谈判的对象，或者说角力的对象。举例来说，当时加图索想去拜仁慕尼黑，正处在离队的边缘，然后加利亚尼把他叫过去，把他锁在了荣誉室。"加图索，你自己看，仔细地看看你的周围，然后我们再好好谈一谈。"最后加利亚尼并没有花很大的力气就说服了加图索。

那天，我第一个开头，采取先声夺人之势："听着，我现在要求这次会面只是因为有一个很好的机会。有人给了我一份合同，很明显，这个人指的是皇马。"我用一种外交辞令承认了这个事实，"这是一个机会，我也很想争取到这个机会，我们正在谈论的是这个世界上最最重要的俱乐部之一。在米兰，我已经赢得了所有。曾经，作为球员，后来，作为教练。我熟悉这里的每件事，每个人。所以，我觉得是时候离开找寻另外一片天空了。现在有了这样一次机遇，它可能会丰富我的人生，使之更加精彩。只需要你……"

我开始长篇大论起来，但是脸上却有种不明所以的阴沉表情，就好像在说：我想要结交新的朋友，但是又舍不得旧的，手心手背都是肉。我当然需要去适应新的形势。寻找一个新的冠军足迹慢慢变成了我的特长。我已经做出了决定，当然，加利亚尼也是。不过他的决定和我的截然相反而已："你想都不用想。"

"你说什么？"

"我说，你想都不要想，卡尔洛。你继续待在这儿，我会延长你的合同。我们不想你放弃这支球队。我们需要你在这儿的工作，我们必须共同进退。"

不得不承认，当时的我感觉就像一名手拿步枪的士兵，和这支球队连接在一起。我，就是米兰，米兰就属于我。当然，米兰球迷们经常这样说："贝卢斯科尼就是米兰，米兰就是贝卢斯科尼。"

加利亚尼继续说道："你在这儿的工作非常棒，所以我不能让你离开。尤其在这种时候，米兰怎么可能失去你？我们的故事还没有结束呢。"

"可是……"

"没有可是，你现在是，将来还是，米兰的主教练。"

那会儿的情景是这样的：他看上去就像交给了我一大堆的螺丝和螺帽，而这些东西都是之前几年从我的教练席上掉落下来的。当然只是看上去像而已，否则，我们需要一辆满载量接近一吨的卡车来装走这些金属零件。很可惜，我并没有这样一辆大车。

我必须说，我当时处理得很好，非常好。"如果事情的确如此，那么加利亚尼先生，我很乐意继续留在这里。"

"我重复一遍，我们会延长你的合同，并且提高你的待遇。"

物质条件从来不是我真正看重的。重要的是，他传递给我的那种忠诚。当你感觉到被爱，被需要，这是无价的。人首先是感情动物，所以，感情是无法买卖的。当皇马告诉我"你是最棒的"的时候，他们真的很会对症下药，想起几年之前，三巨头也曾经那样鼓励我。只要紧紧拥抱我，把我喂得饱饱的，我就快乐得无以复加了。

所以我打电话给皇马，并告诉他们我和加利亚尼之间的谈话："他告诉我，我不能接受你们的邀请。但是感谢你们，有这个机会和你们谈判是我的荣幸。"在家里，我还保留着那份草签的合同，和其他一些重要文件一起。那段日子是能够让我肾上腺素激增的值得纪念的时光。拉蒙·马丁内兹对我很友好："我之前就想到结果会是这样，但是这对我们来说也是一次很美妙的经历。我们会和你再见面的，保持联系。"

在那一刻，他们把视线聚焦到了法比奥·卡佩罗身上，而他之前就在那里工作过。西班牙媒体开始在文章里把我和他的名字相提并论。可是他们的表达方式造成了我和他之间的一场争斗，一场意大利德比。实际情况是，我已经签署过一份合同，但是后来我也明确拒绝了这次机会。终于，在一个瞬间，卡佩罗生气了，并且发表了一份声明。而这份声明，让我情不自禁地乐了："你们觉得皇马会要安切洛蒂？搞清楚，谁是他们第一个接触的人！"

他以为他是唯一的候选人，事实上，在那段时间，至少他们是第一个打电话给我的，并且我也给了他们回复。我的朋友们经常在这个著名的桥段上开我玩笑，每次我邀请他们来吃晚饭，他们总是调侃："好的，卡尔洛，我们会准时到的。但是，你第一个打电话的是谁？"这简直成了一句口号，一句适用于各种情况的玩笑话。

可是当初确实是这样啊：马德里人打来电话，我和佛罗伦迪诺·佩雷斯之间有很多很多的接触。我们对话，然后交换意见。他是个值得尊重的家伙，他知道他的理想，也知道如何去实践。他对皇马的爱是排在第一位的，而这也是最重要的。他的心很软，就和我一样。我们都热爱足球，热爱生活，都想着怎样让人们高兴起来。我们之间有太多的共通点了。最后一次我们谈话，他说的一件事情非常特别："卡尔洛，有一天，你终将成为我的主教练。"

第 27 章　我们会狠狠揍那个浑蛋的

当我还是一名球员的时候，从来没有沉浸在药品中。我接受过肾上腺皮层激素注射，就像每个人做的那样，但这是合法的，也是合理的，是被允许的。有些医生甚至把它当作一种处方使用。"它会让我们从疲劳中恢复得更快"，他们告诉我。事实上，我也确实觉得不那么累了。

　　现在，我有时候稍稍用一点药，但那是因为年纪大了，心理有一定程度的紊乱。你知道，那么多年一直漂泊，直到现在。脑海中，从米兰到皇马，从罗马到切尔西，甚至还有象牙海岸的那支国家队。这也是为什么每当一名足球运动员因为肌肉萎缩症①而苦苦挣扎的时候，我是那么讨厌人们说："哦，那是因为他们更衣室用药的问题。"他们对这种疾病懂得些什么？为什么不先去了解真相后开口？真是一群自封的"医生"，根本没有资格。我很生气，就像斯蒂芬诺·博格诺沃②那样生气。正是斯蒂芬诺才让我决定写这本书。他正遭受着这种疾病的痛苦困扰，但是"并非因为毒品引起"的。就像他经常说的那样，他和他自己以及那些视而不见的人们进行抗争。还有一个基金是由他的名字命名的。

　　我写这一章的原因就是为了帮助斯蒂芬诺。所有这本书的收入都会捐赠给这方面的研究。可能我的球迷们想知道关于我的每一件事，正如我想知道关于这项疾病的每一个细节一样，尤其是：这是打败那浑蛋最

----

① 肌肉萎缩症，是由脊椎内控制运动神经的前角质细胞退化而引至的肌肉萎缩性疾病。
② 斯蒂芬诺·博格诺沃，生于1964年3月17日，意大利足球运动员。

好的方法。斯蒂芬诺经常说他和这项疾病的关系。他在伤病的阴影之下已经有两年了，羞于在公众面前露脸。然而他明白：生活是美好的，我们需要尽最大的努力去捍卫它。我站在他这一边——我们需要为生命战斗。

在足球圈中，关于博格诺沃有问题的传言已经有许多年了。这个传言经久不衰，但是没有人知道到底发生了什么。直到他觉得准备好之后，才发表了一次感言："朋友们，我的身体不是很好，那是真的。但是有一件事我想告诉你们，那个浑蛋对我的伤害已经到头了，不会再多一点点了。"他联系了加利亚尼，拜托加利亚尼组织一场友谊赛。比赛双方是米兰和佛罗伦萨——两支他曾经效力过的球队。他接受了天空台的采访，承担了巨大的风险，拿他的名字和信誉当赌注。对于一个身处那种情况下的人，实在是很不简单的一件事。他的脑袋已经不再浑浑噩噩，但是，还是能看出一些（曾经犯病的）症状。"女士们，先生们，今天我还在这里，我是斯蒂芬诺·博格诺沃。我想赢得和疾病的这场战斗。"

那是球场上"不可能完成的任务"的开始，路德·古力特流下了眼泪，而我也感觉看不到希望。我看到斯蒂芬诺坐在轮椅上，却不知该如何反应。我不知道说些什么来抚慰他。已经很多年没有见到他了，我从没有想过，再次见面，竟然会是这种场景。当我们都在哭的时候，他却在笑。他的那份勇气帮助我们赶走了所有的障碍以及偏见。

现在回想，我们当时真的就像白痴一样，不知所措。他需要的是我们的支持，而我们却只是拿出手绢拭泪，很可笑吧。正是他的鼓励，才让我们重新鼓起勇气面对现实。他考虑问题的速度超级快，比我们任何一个人都要快。那晚，在佛兰基球场，他已经把我们远远甩在身后。我们当时还在想，他怎么可能得病呢。而他在想的问题却是，一定有一种办法可以治愈这种疾病。

在那一刻，我深深震惊了，并且说句实话，感到很不舒服。一次我们返回米兰后，毛罗·塔索蒂和菲利普·加利告诉我，他们俩之前就和博格诺沃聊过："卡尔洛，斯蒂芬诺想让我们去看他。"所以我克服了不情愿，起身钻进车里，然后开到他在玖萨诺的家里。我很担心，很怕自己看到他的时候全身僵住，连话也说不出来，大脑一片空白。然而，现实却是，从我在他的房间里的第一分钟开始，我就感觉很好，很自在。斯蒂芬诺通过一台电脑来发出声音，他用眼神和我交流，我绝没有夸张的意思。他转动眼睛，来表达每一个单词，而后是一个词语，一个句子，一个段落。你要做的就是，看着他的眼睛，试着去了解每一个含义。我想，在那一刻，他比我们任何一个人都生龙活虎。人们说，眼睛是心灵的窗户，而此情此景皆如是。对他来说，眼睛是逃脱那座"监狱"唯一的方法——从那里，你可以看到，闪耀着希望的光彩。

他对我说的第一件事就是："还记不记得，当时我们一同在国家队？"

"不，我忘记了，斯蒂芬诺。"

他开始写下一个个过去的故事，一个字一个字地，很吃力。当他动笔的时候，我开始明白故事的来龙去脉了。对我来说，太糟糕了。

"卡尔洛，那会儿你真像一个傻瓜一样。一点也不记得了？"

好吧，我开始慢慢回忆起来。很不幸……

"在曲歌利亚的夏季训练营，外面很热，烈日当空，你，我，还有罗伯特·巴乔，在同一间房间。我们相互开着玩笑，嬉戏着。突然，你开始激动了。你打开窗户，脱掉了内衣，只披了一点点布料。就是因为没有空调，把你热的……"

"得啦得啦，斯蒂芬诺那可真是陈年往事啦。"

"不，不，让我说完。我和你说过，外面很潮湿，你可能要生病的。但是你说，别担心，你是小强……对，对，带着罗马口音的小强，我们大笑起来。"

人们也许会觉得，我干了那么傻的事情，但是，亮点是，我后来让斯蒂芬诺跟着我一起犯傻。"第二天早晨，你高烧至104华氏度（约40℃），扁桃体发炎。我和巴乔过来看着你还问道，小强，你怎么了？你朝我们扔了一只鞋子。后来你不得不离开了夏季训练营，因为你真的太会来事了。"

那一刻，我真的觉得自己像个傻子，接下去两点足以说明问题。首先，那一天在曲歌利亚的所作所为。其次，自从斯蒂芬诺生病以来，这是第一次来探望他，因为我之前认为，他和我不是一路人。事实上，我并没有明白一件事。当他还是一名球员的时候，他很懒，在比赛中不那么专注，但是，现在呢？他却成为了一名斗士。一名永远不会投降的士兵。他想赢得每一场战斗，而且也必须赢得。我知道，这一次，他会如愿的。

曾经，我对斯蒂芬诺有过误解，但是他帮助我克服了误解，甚至不仅仅是我，还有所有其他的人。卡卡和大卫·贝克汉姆，我带着他俩一起去的。斯蒂芬诺想见见他们，并且和他们解释当时的情况。他相信，每个人都可以为他做一点事：支持那个研究，然后那个研究会发现治愈他疾病的方法。不仅仅是他，还有千千万万被这种疾病所影响的家庭。通常，治疗这种病的花费贵得惊人。斯蒂芬诺已经有了贝克汉姆的亲笔签名，卡佩罗送给他的是一件英格兰队服。而且斯蒂芬诺也很喜欢卡卡，他告诉每个人同一件事："我知道我可以战胜疾病，但是，不是只靠我一个人的力量。我需要一群人，越多，越好。"

我加入，我当教练，而斯蒂芬诺是我的前锋，而疾病那浑蛋是对面的守门员。我们一定会进球的，我们，会赢！

第 28 章　阿布的召唤——结局

谢谢你们，很简单，只是，谢谢你们。作为安切洛蒂，我感谢意大利足球给我的一切。我感觉自己就像一款来自家乡的体育产品，一个天才，一个成功的球员和教练。百分百意大利制造。意大利精神迟早会传播到全世界，因为体育精神永存，更因为体育精神无国界。意大利足球养育我的方式，就好像父亲灌溉土壤的方式，因为激情的燃烧，才让我成长。某种程度上，父亲能够靠看着天空来预测明天的天气，而我的方式则是观看DVD去感知现在还有未来。无论执教哪一支球队，我都会全力以赴。再次感谢你们，谢谢——用全欧洲不同的语言。

　　谢谢你们：我曾经在意甲踢球，也代表过国家队出战。我胜利过，努力训练过；我执教过，然后，又胜利过。我曾经给范·巴斯滕传过球，也试着阻止马拉多纳，还向德尔·皮耶罗、马尔蒂尼、齐丹、卡卡（为了赢得卡卡，富有的曼城财团曾经在2009年的1月给我打过电话，而这也是他们第一次发动攻势）、贝克汉姆还有小罗阐述过我的足球观。痛哭过，大笑过，但是按照预想的方式活着，有兴奋，有激情。很多时候，我领着薪水回到家，甚至不曾意识到，这是我工作的报酬。就像那些胖胖的、快乐的甜点师。他们先品尝，后工作，反之，则行不通。也许这就是为什么我有一种发福变胖的倾向。我的屁股那样肥硕，同时又拥有一颗大心脏。对于这份事业的喜爱，远远胜过其他任何一件事。谢谢你们，真的，再次感谢——为了意大利足球教给我的每一件事。而我能够还给意大利足球的，却少得可怜，尽管我是一个大方的人。我经历过，并且学习过这种独特而又统一的文化，这比其他任何场上的结果都更加重要。我们踢球的方式和国民文化之间根本就是南辕北辙，但是那没关系。

当我看到孩子们在一块小小的场地上踢球时，那情形使我感动。这就是我们所追求的："冲吧，孩子们。你们有1000个人，虽然最后只有一个人能到达终点。"我并没有侵犯吉亚尼·莫兰迪①，因为，我正是从那1000个人中，脱颖而出。

2009年4月1日，一个有趣的日子。我并不是那一天的傻子，事实上，那一整年，我都觉得很不错。好吧，与其说这是命里有幸，莫不如说傻人有傻福。那样更符合我的个性。直到晚上7点之前，我绝大多数的时间都花在英语上。午饭之后，天空台给我安排了一次采访，现在我还能记得大量细节。无论好与坏，在那个特殊的日子里，这一切就不期而至了。而那一切，无论何时，我都不会忘怀。

"卡尔洛，你认为未来将会发生些什么吗？"

"我和米兰的合同要到2010年结束，所以，我将留下来。"

"我们可不可以说，你是确定一定以及肯定留下？"

"你可以说，我将留下来。"

"这次采访中，你说谎了几次？"

"一次？或者两次？又或许几次……只是为了保护我自己而已。"

"如果我们两个月之后见到你，到时候，我们能不能知道，你今天撒了哪些谎？"

"两个月之后？当然。"

换一种方式，我正在让它逐渐明朗，用一种最不绅士的说法就是，

———————————

① 吉亚尼·莫兰迪，意大利流行歌手，演员。

我和米兰的缘分将尽。很明显，我已经开始打点行装，所谓"兵马未动，粮草先行"。我已经上英语补习班有一段日子了，而世间没有什么事情是碰巧发生的。一个礼拜3次授课，一名模范学生，桌子上摆着笔和纸，报告老师，我叫卡尔洛。那天下午，我回答问题的时候，面露阴沉。我知道需要去适应这些，因为接下来将要发生的，很可能会让我脸色更凝重。那一晚，图拉蒂大街3号，阿德里亚诺·加利亚尼的办公室里，我和他有个约会。又是在这里，我之前有过一次经历了。相同的章节，只是换了另外一个人"求婚"（相比于求婚，这意味着更多），某种意义上来说，这本是一次不该发生的求婚，一次从切尔西俱乐部发给我的求婚。

"晚上好，卡尔洛。"

"晚上好，加利亚尼先生。"

事实上，他的表情比我还要阴郁，我开始感觉到如芒在背，而且是巨型的那种。这让我吃惊。

"听着，加利亚尼，有些事要告诉你，我想要去执教切尔西。"

"你想都不要想。"

那样直接的拒绝，我和他就快要大打出手了。我的副主席就像一只坏了的唱片机，上次他拒绝我去皇马执教的时候，也是这几个字。相同的6个字，甚至连标点符号都一致。

"那你想让我留下来？"

"我们当然想让你留下来。"

会谈一直继续到晚餐时间，然后我们又去达·贾妮诺餐厅——在米兰，通常人们到那里去洽谈合同和生意。可事实上，所有的事情都已经决定了，我们能做的，只是更多地互相沟通理解而已："在赛季结束之后，我们会做最后的决定。也就是说，5月31日，而那时，我们也应该得到欧冠的资格了。"

几乎还有两个月的时间。一天，我们坐在一间大屋子里，里面有一台很大的电视机。在那儿，我们观看了意大利和爱尔兰的比赛，或者你也可以说，交手的双方是特拉帕托尼和里皮。而里皮在2010年南非世界杯之后，被许多人认为将是我的继承者。也许我看上去像头牛般健壮，此刻却觉得自己轻如鸿毛，这真神奇。当然，为了严正视听，这只是一个小奇迹——不比在奢华办公室里用心去雕刻所谓的这就是"穆里尼奥"。当他的队伍的比赛在直播时，他也好像在上演一个真人秀，甚至还把他自己和耶稣相提并论。原谅他吧，他只是知道的太少，说的太多。而我则不同，我时常思考我能够走到今天这一步的所有原因。

我的生活很特别，不能单纯地用逻辑去考量。它建立在一个秘密之上：梦想带来力量。当你有一个梦想的时候，并不要过分地去追求它，这样会让你有一个好心态。掌握好那个度很关键。举个例子，有一段时间，我的偶像是吉内·热奥奇。他的衬衣上印着10号，还配有其他有趣的条纹。他用头脑去踢球，而用大腿去思考。之后随着成长，我的偶像也换了其他人。而我的足球之路却一步步越发坚实。全情奉献，而后成功开始浮现。

作为一名球员，我赢得了4次意大利杯，3次联赛冠军，1次意大利超级杯，2次冠军杯，2次欧洲超级杯，还有2次丰田杯。而作为教练，我赢得了3次国内联赛冠军，3次国内杯赛冠军，1次国内超级杯，1次慈善盾杯，3次欧洲冠军杯，3次欧洲超级杯，1次国际托托杯，2次世俱杯。这真是很多头衔啊，不过，即使是冠军的头衔也并不能传递思想。三百六十行，行行出状元，只有你真心付出，只有你去做了，才会相信这是真谛，并且为了这个梦想而活下去。故事将会很简单，却也很美丽。曾经在球场，后来在板凳席上，我为米兰，奉献了我最宝贵的年华。再次感谢你们，从雷吉罗到天堂，我遇到的所有的朋友、敌人、队友、教练、队员。感谢这些我执教过的和将会执教的队伍。我特别要感谢西尔沃·贝卢斯科尼先生，要不是你，我不会发现一片新天地。当然，也要感谢你，从来不干涉我的排兵布阵。感谢加利亚尼，只有一个遗憾：为什么我们不用随便一点的称呼呢？为什么我们老用姓而不用名称呼呢？"我爱你，加利亚尼先生"是不错，可是我觉得"我爱你，阿德里亚诺，我的伙计"更加好。

感谢你们：感谢那个远在英格兰的俱乐部的诚意。当然，就是你，切尔西。在本书中，你第一个出现。我必须要承认的是，早在2008—2009赛季的某一时期，我就观看了大量的关于特里、兰帕德还有德罗巴的录像。某种程度上我早在那会儿就已经是蓝军的主教练了，至少这件事在我脑海里发生过。与皇马的合同一样，这事发生在好几年之前。最后发生的一切都是我和阿布拉莫维奇共同的决定：而结果还不坏，不是吗？为什么这么说呢，因为他自己明白，自从他和那个特殊的人——何塞·穆里尼奥共事后，穆里尼奥带给了他多少烦恼……

感谢你们：也再次感谢佛罗伦迪诺·佩雷斯。阿布拉莫维奇的名字中有罗曼这个字眼，听上去有点意大利味。而佛罗伦迪诺这个名字呢？我想这就是为什么他能够拥有使内心平静的艺术吧。和他的对话，总是有一股醇美的历史韵味。很简单，皇马填充了他的灵魂，占据了他的脑海，用一个词直白地说就是"白色"。他总是用相同的语句来向我问好，就像之前提到的那样："卡尔洛，总有一天，你会成为我的教练的。"与此同时，他也有了自己的烦恼：才刚刚开始和那个特殊的人合作。

感谢你们：拜仁慕尼黑。

名单可以很长很长，当然，也一定会包括其他一些名字。不用细想，就能知道是哪些人以及为什么。在这里我向你们表达我的谢意。闭上眼睛，乘着时光机回到过去，而那些往事，全都历历在目。在意大利国内执教的时候，我经常看着米兰内洛那个火警警报。它们就装在我房间的外头，5号房间。边上有一段红底白字的话，若有紧急情况，灯会亮起：立即离开大楼。有时候，当你不再受到尊重，有时候，当情形变得紧张，我们就不再需要坚守。随后，阿布和他的切尔西来了。现在，我已经拿到了英超冠军、足总杯冠军。接下去，目标就是欧冠了。这一次我保证：如果赢了，我们还会有一个派对。不过，再也不会让日尔科夫唱歌了。

附录：卡尔洛·安切洛蒂简介

卡尔洛·安切洛蒂，1959年出生于意大利雷吉奥洛。

作为球员：

帕尔马俱乐部，1974—1979年，在1979年升入意大利甲级联赛

罗马俱乐部，1979—1987年

AC米兰俱乐部，1987—1992年

意大利联赛冠军，1983年，1988年，1992年

意大利杯，1980年，1981年，1984年，1986年

意大利超级杯，1988年

欧洲冠军杯亚军，1984年

欧洲冠军杯，1989年，1990年

欧洲超级杯，1989年，1990年

洲际杯，1989年，1990年

意大利国家队，1981—1991年，出场26次

入选世界杯阵容，1986年，1990年

作为教练（截至到2016年）：

意大利国家队（阿里戈·萨基的助理教练），1994年

世界杯亚军，1994年

A.C.雷吉纳俱乐部，1995—1996年，1996年升入意大利甲级联赛

帕尔马俱乐部，1996—1998年

尤文图斯俱乐部，1999—2001年

AC米兰俱乐部，2001—2009年

FC切尔西俱乐部，2009—2011年

巴黎圣日耳曼俱乐部，2011—2013年

皇家马德里俱乐部，2013—2016年

意大利联赛亚军，1997年，2000年，2001年

国际托托杯，1999年

意大利联赛冠军，2004年

意大利杯，2003年

意大利超级杯，2004年

欧洲冠军杯，2003年，2007年，2014年

欧洲超级杯，2003年，2007年，2014年

世俱杯，2007年，2014年

慈善盾杯，2009年

英超联赛冠军，2010年

足总杯，2010年

法国联赛冠军，2013年

国际冠军杯冠军，2013年

西班牙国王杯，2014年